Quellen zur Musikgeschichte des 20. Jahrhunderts

Sources for 20th-Century Music History

BAYERISCHE STAATSBIBLIOTHEK

HOUGHTON LIBRARY · HARVARD UNIVERSITY

Joint Exhibition

SOURCES FOR 20TH-CENTURY MUSIC HISTORY

Alban Berg and The Second Viennese School
Musicians in American Exile
Bavarica

Acquisitions from the Collection of Hans Moldenhauer
(Bayerische Staatsbibliothek – Houghton Library)

Materials Primarily from the Estate of Rudolf Kolisch
(Houghton Library)

Munich · 21 July – 9 September 1988
Cambridge · October 1988

Catalogue
by
Helmut Hell and Sigrid von Moisy (Munich)
and
Barbara Wolff (Cambridge)

Munich and Cambridge (Massachusetts), 1988

BAYERISCHE STAATSBIBLIOTHEK

HOUGHTON LIBRARY · HARVARD UNIVERSITY

Gemeinsame Ausstellung

QUELLEN ZUR MUSIKGESCHICHTE DES 20. JAHRHUNDERTS

Alban Berg und die Zweite Wiener Schule
Musiker im amerikanischen Exil
Bavarica

Erwerbungen aus der Sammlung Hans Moldenhauer
(Bayerische Staatsbibliothek – Houghton Library)

Stücke vorwiegend aus dem Nachlaß Rudolf Kolisch
(Houghton Library)

München · 21. Juli – 9. September 1988
Cambridge · Oktober 1988

Katalog
Helmut Hell und Sigrid von Moisy (München)
Barbara Wolff (Cambridge)

München und Cambridge (Massachusetts) 1988

Bayerische Staatsbibliothek · Ausstellungskataloge · 45

Veröffentlichung der Kommission Bayern-Harvard für
Musikgeschichte des 20. Jahrhunderts

Publication of the Bavaria-Harvard Committee for
20th-Century Music History

Reinhold Brinkmann (Department of Music, Harvard University)
Rodney G. Dennis (Houghton Library, Harvard University), Chairman
Theodor Göllner (Institut für Musikwissenschaft, Universität München)
Siegfried Mauser (Hochschule für Musik, Würzburg)
Günther Weiß (Hochschule für Musik, München), Vice-Chairman
Christoph Wolff (Department of Music, Harvard University)

Übersetzungen / Translations
Gregory Crowell, Barbara Wolff (Cambridge)

INHALT / CONTENTS

VORWORT

Fünf Jahre sind es etwa her, da entdeckte man an der Bayerischen Staatsbibliothek wie an der Harvard Library, daß beide Institutionen mit Nachdruck eigentlich eine fast identische Erwerbungspolitik betreiben, was Manuskripte mit Musik des 20. Jahrhunderts betrifft. Diese Erkenntnis hatte nach und nach interessante und unerwartete Folgen. Den Anstoß gab die Ankündigung von Dr. Hans Moldenhauer aus Spokane, Washington, er beabsichtige, wichtige Teile seiner gewaltigen Sammlung zur Musik des 20. Jahrhunderts zu verkaufen oder sonstwie abzugeben. Das nachfolgende Zusammenwirken beider Bibliotheken führte zu einer harmonischen Aufteilung von bedeutendem Forschungsgut. Darüber hinaus bewirkte es allgemein kollegiales Einvernehmen, wovon vorliegende Ausstellung nur ein Ergebnis darstellt. Die Harvard Library erwarb von Dr. Moldenhauer Handschriften mit Americana, die Staatsbibliothek solche von international bekannten Komponisten, insbesondere Bavarica. Die Dokumente europäischer Komponisten, die während des Dritten Reichs nach Amerika emigriert waren, wurden aufgeteilt.

Zur gleichen Zeit erwarb Harvard durch Kauf und Schenkung den Nachlaß des österreichischen Geigers Rudolf Kolisch, der reich ist an Quellen zur Zweiten Wiener Schule. (Dieser galt seit jeher auch Dr. Moldenhauers Hauptaugenmerk.) Harvards Bemühungen wurden auf generöse Weise unterstützt durch ein Sonderkomitee unter der Leitung von Herrn Rudolf Serkin.

Durch die Zusammenarbeit von Forschern aus München und Cambridge, Massachusetts, bei der Auswertung dieser Neuerwerbungen wurden neue internationale Kontakte geknüpft, vergleichbar denjenigen, die sich zwischen den Bibliotekaren entwickelt hatten. Sie gipfelten in der Gründung der Kommission Bayern-Harvard für Musikgeschichte des 20. Jahrhunderts mit Vertretern der Universität München und der Hochschulen für Musik in München und Würzburg auf der einen Seite, sowie des Music Departments der Harvard University und der Harvard Library auf der anderen. Die Bayerische Staatsbibliothek hielt stets enge, hilfreiche Verbindung. Die Ernst-von-Siemens-Stiftung zeigte Interesse und bot unentbehrliche finanzielle Hilfe an.

Ihr erstes Treffen hielt die Kommission im Juli 1987 in München ab. Dabei wurden vorliegende gemeinsame Ausstellung von Handschriften wie auch ein Konzert mit Erstaufführungen aus den neuerworbenen Manuskripten ins Auge gefaßt, die beide von Juli bis September 1988 in München veranstaltet und dann im nachfolgenden Oktober in Harvard wiederholt werden sollten. Weitere Pläne, die bei diesem ersten Treffen außerdem formuliert wurden – eine Rundfunkserie mit Erstaufführungen und Publikationen von neuem Material –, haben sich inzwischen gut entwickelt.

Die Harvard Library, 350 Jahre alt, zeigt zum ersten Mal eine Ausstellung außerhalb der Vereinigten Staaten. Umgekehrt tritt auch die noch etwas ältere Bayerische Staatsbibliothek erstmals mit einer Ausstellung die Reise über den Atlantischen Ozean an. Die beiden Ausstellungshälften aus Bayern und Harvard wurden größtenteils unabhängig voneinander konzipiert. Es steht zu hoffen, daß sie in Zweck und Methode trotzdem eine, dafür um so bemerkenswertere Einheit an den Tag legen.

Wir wünschen den jungen Beziehungen Gedeihen zur Förderung der musikalischen Forschung und Praxis. Durch die verstärkte Kenntnis jener Komponisten des 20. Jahrhunderts und ihrer Kunst wollen wir natürlich auch etwas über die Vergangenheit erfahren, in dem von uns allen getragenen Glauben, daß Musik der große Vermittler jener Kenntnis ist, die zum Verständnis führt, sowohl für unsere zurückliegenden als auch unsere gegenwärtigen Bedingungen, schließlich auch zur Aussöhnung mit ihnen.

Zu danken ist Herrn Dr. Helmut Hell und Frau Dr. Sigrid von Moisy von der Bayerischen Staatsbibliothek und Frau Barbara Wolff von Harvard für die Gestaltung der Ausstellung und die Erarbeitung des Katalogs. Die Übersetzungen der deutschen Katalogtexte ins Englische besorgte freundlicherweise Herr Gregory Crowell von Harvard. Professor Sidney Verba und Dr. Y. T. Feng von der Harvard University Library beziehungsweise der Harvard College Library danken wir für ihre Unterstützung. Nicht zuletzt sei auch noch des gewichtigen Anteils am Gelingen dieses Katalogs mit verbindlichem Dank gedacht, den die Dresdner Bank AG und die Siemens AG durch die Finanzierung des Katalogs geleistet haben.

Franz Georg Kaltwasser
Direktor der Bayerischen Staatsbibliothek

Rodney G. Dennis
Curator of Manuscripts in the Harvard College Library
und Chairman der Kommission Bayern - Harvard für
Musikgeschichte des 20. Jahrhunderts

PREFACE

About five years ago the Bavarian State Library and the Harvard Library discovered that they were energetically pursuing almost identical collecting policies in the field of 20th-century music manuscripts. This discovery led, in time, to interesting and unexpected consequences. It was occasioned by the announcement to both parties by Dr. Hans Moldenhauer of Spokane, Washington that he was prepared to sell and otherwise dispose of important parts of his vast collection in 20th-century music. The coordination that ensued between these two large libraries resulted in a harmonious distribution of substantial scholarly materials; but beyond that, it gave rise to a collegial understanding of which the present exhibition forms only one result. The Harvard Library acquired American manuscripts from Dr. Moldenhauer. The State Library acquired manuscripts of composers of international fame, particularly Bavarica. Both libraries received a share of the papers of European composers who had come to America during the period of the emigration.

At the same time Harvard acquired through gift and purchase the papers of the Austrian violinist Rudolf Kolisch, rich in materials of the Second Viennese School, which had always been a main focus of attention for Dr. Moldenhauer. Harvard's efforts were generously supported by a special committee chaired by Mr. Rudolf Serkin.

In bringing together scholars from Munich and Cambridge, Massachusetts to evaluate these new acquisitions, new international connections were forged, comparable to those that had been achieved between the librarians. The result was the creation of the Bavaria-Harvard Committee for Twentieth-Century Music History with representatives from the University of Munich, the Munich Hochschule für Musik, and the Hochschule für Musik in Würzburg on the one side and the Harvard University Music Department and the Harvard Library on the other. Throughout this phase the Bavarian State Library maintained its close involvement and support. The Ernst-von-Siemens Foundation took an interest and offered indispensable financial help.

The Committee held its first meeting in Munich in July 1987, and at that time plans were made for this joint exhibition of manuscripts and for a concert featuring first performances from the newly acquired manuscripts, both to be held in Munich in July – September 1988 and repeated at Harvard in the following October. Other plans concerning a radio series of first performances and publication of new materials were formulated at that first meeting and are now well-developed.

The Harvard Library is 350 years old, and this is the first time it has ever held an exhibition outside the United States. The even slightly older Bavarian State Library in a complementary move shows its first exhibition across the Atlantic Ocean. The two halves of the exhibition, Bavaria's and Harvard's, were organized for the most part independently of each other, but it is hoped they will reveal a unity of purpose and method, all the more remarkable for that.

We have high hopes that these new relationships will flourish and contribute to musical scholarship and practice. Beyond this, of course, we want to learn about the past through increased knowledge of these 20th-century composers and of their art, believing as we all do that music is the great transmitter of that knowledge that leads to understanding, both of our past and present conditions, and finally to reconciliation with them.

For organizing the exhibition and editing the catalogue, we would like to offer warm collegial thanks to Dr. Helmut Hell and Dr. Sigrid von Moisy of the Bavarian State Library and to Barbara Wolff of Harvard. Gregory Crowell kindly translated the texts of the German catalogue into English. For their support, we thank Professor Sidney Verba and Dr. Y. T. Feng of the Harvard University Library and the Harvard College Library, respectively. Finally, warm thanks are also extended to the Dresdner Bank AG and Siemens AG, who by their funding have contributed in a major way to the success of this catalogue.

Franz Georg Kaltwasser
Direktor der Bayerischen Staatsbibliothek

Rodney G. Dennis
Curator of Manuscripts in the Harvard College Library
and Chairman of the Bavaria – Harvard Committee for
20th-Century Music History

FRANZ GEORG KALTWASSER
Die Erwerbung einer Abteilung der Moldenhauer-Archive in der Bayerischen Staatsbibliothek

Die Bayerische Staatsbibliothek nennt eine große Sammlung von Musikautographen und auch Briefen von Musikern aus mehreren Jahrhunderten ihr eigen. Sie ist bestrebt, diese Sammlung kontinuierlich auf die jüngere Musikgeschichte auszudehnen. Gustav Mahler, Hans Pfitzner, Richard Strauss, Werner Egk, Carl Orff, Karl Amadeus Hartmann und viele andere Komponisten sind mit Manuskripten ihrer Werke und mit Briefen in der Bibliothek schon seit längerem vertreten und werden weiter gesammelt.

Hier gilt es von einem besonderen Kauf zu berichten, der in verschiedener Hinsicht bemerkenswert ist. Es handelt sich um den – warum es nicht aussprechen? – kompliziertesten Erwerbungsvorgang, den ich in meiner bisherigen, über sechzehnjährigen Tätigkeit als Direktor der Bayerischen Staatsbibliothek erlebt habe und den ich verkürzt darstellen möchte. Dies ist berichtenswert insofern, als der am Ende glückliche Kauf zu einer sehr wesentlichen Bereicherung unserer Sammlung führte und darüber hinaus den Anstoß für einen Kooperationsvertrag zwischen wissenschaftlichen und historischen Institutionen des Freistaates Bayern und der Harvard University gab.

Mit dem am 26. Mai 1986 von der Bayerischen Staatsbibliothek und am 03. Juni 1986 von Dr. Hans Moldenhauer unterzeichneten Vertrag erwarb die Bibliothek einen großen Teil des sogenannten „Moldenhauer-Archivs". Dr. Moldenhauer, der am 19. Oktober 1987 in Spokane im Staate Washington, USA, gestorben ist, war ein deutscher Emigrant, der in jahrzehntelanger Tätigkeit die bislang wohl bedeutendste Sammlung von Autographen und anderen Materialien zur Musik des 20. Jahrhunderts zusammengetragen hat. Verschiedene Bibliotheken auf der Welt haben zu seinen Lebzeiten aus dieser Quelle geschöpft. Moldenhauer wollte, daß diese Sammlungen in der Paul-Sacher-Stiftung in Basel, in der Bayerischen Staatsbibliothek, in der Houghton Library der Harvard University in Cambridge, Mass., in der Library of Congress in Washington, der Northwestern University in Evanston bei Chicago, der Österreichischen Nationalbibliothek in Wien und in der State University of Washington als „Moldenhauer-Archiv" bezeichnet werden.

So kaufte die Bayerische Staatsbibliothek von Moldenhauer bereits in den Jahren 1979 und 1980 Musikautographen von Werner Egk, Joseph Haas und Karl Amadeus Hartmann.

Im Jahr 1983 wurde bekannt, daß Moldenhauer seine ganze Sammlung, die er noch besaß, an eine große Institution zu verkaufen gedachte. Die Harvard University zeigte Interesse, suchte aber einen Partner, mit dem sie gemeinsam die finanzielle Last tragen konnte. Professor Dr. Christoph Wolff von Harvard und Professor Dr. Günther Weiß von der Hochschule für Musik in München, die sich als ehemalige Studienkollegen kannten, entwarfen den Plan eines gemeinsamen Kaufs durch Harvard und den Freistaat Bayern. Damit war das Interesse der Bayerischen Staatsbibliothek geweckt.

Am 27. Juli 1983 fand eine erste beratende Sitzung über einen möglichen gemeinsamen Kauf im Bayerischen Staatsministerium für Unterricht und Kultus statt, an der auch Vertreter der Generaldirektion der Bayerischen Staatlichen Bibliotheken, der Bayerischen Staatsbibliothek, der Hochschule für Musik in München und der „Gesellschaft zur Förderung deutscher Musik im Westen Nordamerikas e.V." (Dr. von Canal) und von Harvard (Professor Wolff) teilnahmen. Die Herren Professoren Weiß und Wolff erläuterten ihren Vorschlag. Eine Liste der Sammlung Moldenhauer wurde vorgelegt, die jedoch keine Eindeutigkeit bot. Insbesondere war nicht erkennbar, welche Stücke daraus Moldenhauer in die von ihm damals in Erinnerung an seine erste, verstorbene Frau geplante Rosaleen-Moldenhauer-Foundation einbringen wollte. Offensichtlich dachte er an die ausgewählt wertvollsten Stücke. Diese Foundation wollte er zu seinen Lebzeiten bei sich behalten. Harvard machte sich offensichtlich die Hoffnung, die Rosaleen-Moldenhauer-Foundation nach dem Tode Moldenhauers in ihr Eigentum übernehmen zu können.

Obgleich der Kaufgegenstand für die Bayerische Staatsbibliothek noch nicht genau fixiert war, kam es auf Anregung des Herrn Dr. von Canal am 28. November 1983 zu einem weiteren Gespräch im Kultusministerium, diesmal unter Vorsitz des damaligen Staatsministers Professor Dr. Hans Maier, an dem Vertreter der Bayerischen Staatsbibliothek und der Hochschule für Musik in München teilnahmen. Der Minister wurde insbesondere durch ein Plädoyer des Herrn Dr. von Canal für die Beteiligung Bayerns gewonnen, in dem dieser auf den Zusammenhang des gemeinsamen Kaufs mit der erhofften wissenschaftlichen Kooperation zwischen der Harvard University und bayerischen wissenschaftlichen Einrichtungen hinwies. Es wurde beschlossen, daß ein Vertreter der Bayerischen Staatsbibliothek nach Spokane reist, um sich an Ort und Stelle ein Bild über die zum Verkauf anstehenden Materialien machen zu können.

Im März 1984 flog daher Dr. Karl Dachs, Leiter der Handschriftenabteilung der Bayerischen Staatsbibliothek, zu Moldenhauer nach Spokane. Da Moldenhauer inzwischen den Nachlaß von Anton von Webern für einen Preis von $ 1,5 Millionen an die Paul-Sacher-Stiftung in Basel verkauft hatte, schied dieser Komplex aus der Schätzung aus. Inzwischen hatte Moldenhauer auch genauere Festlegungen getroffen, welche Stücke er für die Rosaleen-Moldenhauer-Foundation reserviert haben wollte. Dr. Dachs schätzte die zum Verkauf für Harvard und die Bayerische Staatsbibliothek anstehenden Stücke auf knapp $ 1,5 Millionen, wie völlig unabhängig von ihm kurz vorher auch Rodney G. Dennis von der Harvard University Library. Das waren nach damaligem Wechselkurs etwa DM 3,9 Millionen. Da der Freistaat Bayern sich bis zu einer Summe von DM 2 Millionen zu engagieren bereit war, rückte die Möglichkeit eines Kaufabschlusses näher, wobei Harvard wünschte, als Käufer des gesamten Materials gegenüber Moldenhauer aufzutreten und dann die ausgehandelte Hälfte an die Bayerische Staatsbibliothek weiterzuverkaufen.

Im unmittelbaren Anschluß an den Besuch in Spokane arbeiteten Vertreter der Harvard University Library und Dr. Dachs in Boston einen Teilungsvorschlag aus, bei dem Harvard vor allem die Bestände Alban Berg, Arnold Schönberg, Alexander von Zemlinsky, Ernst Křenek und die gesamten „Amerikaner" (das sind Nachlässe von Emigranten, die bei Schönberg und Berg Schüler gewesen waren) erhalten sollte, während für München vorgesehen wurden die Bestände Gustav Mahler, Karl Amadeus Hartmann, Mario Castelnuovo-Tedesco und die Nachlässe von Wolfgang Fraenkel, Otto Jokl, Paul A. Pisk und Karl Weigl. Die Direktion der Bayerischen Staatsbibliothek erklärte sich damit einverstanden und bestätigte dies Harvard gegenüber.

Zu Schwierigkeiten führte dann, daß Moldenhauer weitere Stücke der Rosaleen-Moldenhauer-Foundation einverleiben wollte. Um dies auszugleichen, schlug Harvard vor, daß die Bayerische Staatsbibliothek auch die Briefe von Alban Berg bekommen sollte. Am 07. Dezember 1984 konnte dann die Bayerische Staatsbibliothek dem Staatsministerium für Unterricht und Kultus eine Liste der zu erwerbenden Stücke vorlegen. Hierfür erwartete Harvard die – angemessene – Kaufsumme von $ 750.000. Das waren aber inzwischen durch den gestiegenen Dollarkurs DM 2.257.000,– geworden. Da das Kultusministerium im Einvernehmen mit dem Finanzministerium aber im April 1985 nur DM 2 Millionen für den Ankauf bewilligte (etwa drei Viertel aus entsperrten Mitteln des laufenden und des nächsten Haushaltsjahres, während den Rest die Bibliothek aus ihrem regulären, mit Kassenanschlag zugewiesenen Etat bestreiten sollte), mußte auf einige Stücke des Kaufangebotes verzichtet werden, die damit für einen Kauf durch einen Dritten offen gestanden hätten. Harvard akzeptierte das und wünschte die Bereitstellung der Kaufsumme Bayerns bei einer amerikanischen Bank, auf der das Geld bis zum Vollzug des Kaufes gesperrt werden sollte. Harvard hatte bereits begonnen, Zinsen an Moldenhauer auf die beabsichtigte Gesamtkaufsumme von $ 1,5 Millionen zu zahlen.

Ich hatte dann die Gelegenheit, am Rande der Tagung der International Federation of Library Associations and Institutions in Chicago am 20. August 1985 mit Herrn James A. Sharaf, einem Rechtsberater von Harvard, zu sprechen. Als Ergebnis des Gespräches war festzuhalten, daß die höchst komplizierte Konstruktion eines Kaufs der gesamten Materialien durch Harvard und Weiterverkaufs eines Teiles an die Bayerische Staatsbibliothek bei vorhergehender Bereitstellung der bayerischen Gelder auf einer amerikanischen Bank zu einem Zeitpunkt stark schwankender Wechselkurse und unter der von Harvard gewollten Teilnahme an der bereits laufenden Zinszahlung letztlich zum Scheitern verurteilt war. Diese vielfältigen Faktoren und die Interessen der bereits genannten, handelnden Personen waren so nicht auf einen gemeinsamen Nenner zu bringen. Es bot sich daher für die Bayerische Staatsbibliothek in dieser Situation an, direkt und ohne Beeinflussung Dritter mit Moldenhauer über einen Teilankauf zu verhandeln. Dies sollte nach dem Motto geschehen: beim Ankauf getrennt vorzugehen und dann die erstrebte wissenschaftliche Kooperation gemeinsam in die Wege zu leiten.

Am 15. Oktober 1985 besuchte daraufhin Moldenhauer auf deren Einladung die Bayerische Staatsbibliothek. Herrn Moldenhauer wurde seitens der Bayerischen Staatsbibliothek ein getrennter Ankauf durch die beiden Partner vorgeschlagen. Moldenhauer war damit grundsätzlich einverstanden. Es gab zwar weiterhin Überlegungen, an der ursprünglichen Absicht des gestuften Kaufs festzuhalten, doch nachdem sich Moldenhauer und Harvard über die Verwendung der bereits gezahlten Zinsen zum

Ankauf der „Amerikaner" einig geworden waren, kam es mit Billigung durch das Bayerische Staatsministerium für Unterricht und Kultus zu konkreten direkten Verhandlungen der Bayerischen Staatsbibliothek mit Moldenhauer. Inzwischen hatte Moldenhauer seinen Plan aufgegeben, eine Rosaleen-Moldenhauer-Foundation einzurichten. Das bedeutete, daß die Spitzenstücke, die er für diese Foundation vorgesehen hatte, bei den einzelnen Komponisten mit zum Verkauf anstanden. Dieser Entschluß Moldenhauers war natürlich höchst begrüßenswert.

Am 02. und 05. Mai 1986 kam Moldenhauer wiederum in die Bayerische Staatsbibliothek und legte zwei bis ins letzte konkret ausgearbeitete Angebote vor. Das erste bot als Kern die Musikmanuskripte und Briefe von Gustav Mahler. Dieses Angebot übertraf die finanziellen Möglichkeiten der Bayerischen Staatsbibliothek. Das zweite Angebot umfaßte alle im Besitz von Moldenhauer befindlichen Musikmanuskripte und Briefe von Alban Berg, Otto Jokl, Karl Amadeus Hartmann, Carl Orff, Max Reger und Richard Strauss. Es gelang uns, Moldenhauer auch noch den umfänglichen und wissenschaftlich noch nicht erforschten Nachlaß von Wolfgang Fraenkel zusätzlich abzuhandeln und dies für die Kaufsumme von insgesamt DM 2 Millionen. Damit kam ein für die Bayerische Staatsbibliothek günstiger Kauf zustande. Moldenhauer goutierte offensichtlich im nachhinein den von mir am Ende der Verhandlungen geprägten Satz: „Wir haben uns zusammengerauft."

Wie bereits berichtet, wurde der Kaufvertrag kurz darauf von beiden Seiten unterzeichnet. Am 03. August 1986 flog Dr. Ulrich Montag, Leiter der Erwerbungsabteilung der Bayerischen Staatsbibliothek, zur Übernahme nach Spokane. Noch im selben Monat traf die wertvolle Sammlung wohlbehalten in der Bayerischen Staatsbibliothek ein, in welcher sie nun für die wissenschaftliche Erschließung zur Verfügung steht. Es zeigte sich fast schlagartig das Interesse der Wissenschaft an diesem bislang noch nicht bearbeiteten Material zur modernen Musikgeschichte.

FRANZ GEORG KALTWASSER
The Acquisition of a Section of the Moldenhauer Archives by the Bayerische Staatsbibliothek (Bavarian State Library)

The Bavarian State Library owns a large collection of music autographs and musicians' letters from several centuries. Its aim is to continuously extend the collection to incorporate more recent music history. The works and letters of composers such as Gustav Mahler, Hans Pfitzner, Richard Strauss, Werner Egk, Carl Orff, Karl Amadeus Hartmann, and many others have been represented in the Library for a long time and are still being collected.

This is a report on a special acquisition which is remarkable in various ways. It is – and why not say it ? – the most complex acquisition that I have ever experienced in my sixteen years as Director of the Bavarian State Library, and I would like to summarize it briefly. It is worth recounting in so far as the acquisition, which turned out to be a fortunate buy in the end, was a very important enrichment to our collection, and it also initiated a cooperative agreement between academic institutions in Bavaria and Harvard University.

The contract which was signed by the Bavarian State Library on 26th May 1986 and on 3rd June 1986 by Dr. Hans Moldenhauer gave the Library a large part of the so-called "Moldenhauer Archives". Dr. Moldenhauer who died on 19th October 1987 in Spokane, State Washington, USA, was a German emigrant who for decades collected what can now be considered the most important collection of autographs and other material on 20th-century music to date. Various libraries across the world acquired from this source during his lifetime. Moldenhauer wanted these collections to be called "Moldenhauer Archives" in the Paul-Sacher-Foundation, Basle, in the Bavarian State Library, in the Houghton Library of Harvard University, Cambridge, Mass., in the Library of Congress, Washington, in the Northwestern University, Evanston, Chicago, in the Austrian National Library, Vienna, and in the State University of Washington.

The Bavarian State Library bought music autographs by Werner Egk, Joseph Haas and Karl Amadeus Hartmann from Moldenhauer as early as 1979 and 1980.

In 1983 it became known that Moldenhauer was considering selling his complete collection to a large institution. Harvard University showed iterest but was looking for a partner to share the financial burden. Professor Christoph Wolff from Harvard and Professor Günther Weiß from the Munich College of Music, former fellow students, drafted a plan for a joint acquisition between Harvard and the Free State of Bavaria. This aroused the interest of the Bavarian State Library.

The first meeting to discuss a possible joint acquisition took place in the Bavarian State Ministry for Education and Cultural Matters on 27th July 1983. Representatives of the Directorate-General of Bavarian Libraries, of the State Library itself, of the Munich College of Music, and the "Gesellschaft zur Förderung deutscher Musik im Westen Nordamerikas e.V." (Society for the Promotion of German Music in the West of North America; Dr. von Canal), and Professor Wolff from Harvard also took part. Professors Weiß and Wolff explained their proposal. A list of Moldenhauer's collection was presented but was not explicit enough. It was not discernible which pieces Moldenhauer intended to include in the Rosaleen-Moldenhauer-Foundation that he had planned in memory of his late first wife. He obviously thought of a selection of the most valuable pieces. He wanted to keep this Foundation personally. Harvard clearly hoped to acquire the Rosaleen-Moldenhauer-Foundation after Moldenhauer's death.

Even though the object of purchase was not specified for the Bavarian State Library, a further discussion took place at the suggestion of Dr. von Canal on 28th November 1983 at the Ministry of Education. This time the meeting was under the chairmanship of the State Minister for Education of that time, Professor Hans Maier, and included representatives of the Bavarian State Library and the Munich College of Music. The Minister's support for Bavaria's participation was gained by a plea by Dr. von Canal in which he pointed out the link between a joint acquisition and the aspired cooperation between Harvard and Bavarian academic institutions. It was decided that a representative of the Bavarian State Library should travel to Spokane to get an on-the-spot idea of the material for sale.

Dr. Karl Dachs, Head of the Manuscript and Rare Book Department of the Bavarian State Library, flew to Spokane to see Moldenhauer in March 1984. As Moldenhauer had in the meantime sold the works of Anton von Webern to the Paul-Sacher-Foundation in Basle for $1.5 million, this complex was out of the reckoning. Meanwhile Moldenhauer had also decided which pieces he wanted reserved for the Rosaleen-Moldenhauer-Foundation. As Rodney G. Dennis from the Harvard University Library had done shortly beforehand, Dr. Dachs estimated the pieces available for acquisition for Harvard and the Bavarian State Library at around $1.5 million. This was DM3.9 million according to the exchange rate of that time. As the Bavarian State Library was prepared to invest a sum of up to DM 2 million, the possibility of conclusion of a contract of sale became more likely, whereby Harvard wanted to act as buyer for the complete collection and then to resell the negotiated half to the Bavarian State Library.

On their return from Spokane the representatives of the Harvard University Library and Dr. Dachs worked out a proposal for dividing the collection. Harvard was to keep the holdings Alban Berg, Arnold Schoenberg, Alexander v. Zemlinsky, Ernst Křenek, and the complete "Americans" (works by emigrants who had been pupils of Schoenberg and Berg), whilst the holdings of Gustav Mahler, Karl Amadeus Hartmann, Mario Castelnuovo-Tedesco and the works of Wolfgang Fraenkel, Otto Jokl, Paul A. Pisk and Karl Weigl were designated for Munich. The management of the Bavarian State Library agreed to this and confirmed it to Harvard.

Problems arose when Moldenhauer wanted to incorporate other pieces into the Rosaleen-Moldenhauer-Foundation. To compensate for this Harvard suggested that the Bavarian State Library should also receive the letters of Alban Berg. On 7th December 1984 the Bavarian State Library was able to present a list of the pieces to be acquired to the Ministry for Education and Cultural Matters. Harvard expected the reasonable sum of $ 750,000. However, due to the increase in the dollar this now amounted to DM 2,257,000. As the Ministry for Education, in agreement with the Ministry for Finance, had only granted DM 2,000,000 for the purchase (ca. three quarters from released funds from the current and the next annual budget, whilst the Library was to finance the rest from its regular allocated budget) several of the offered pieces had to be relinquished which made them available to third parties. Harvard accepted this and requested that the money from Bavaria be made available in an American bank where the money was to be frozen until the purchase had been completed. Harvard had already started paying Moldenhauer interest on the proposed total amount of $ 1.5 million.

On 20th August 1985 during the Conference of the International Federation of Library Associations and Institutions in Chicago, I had the opportunity of speaking to Mr. James A. Sharaf, a legal adviser to Harvard. The discussion concluded that the highly complex arrangement of Harvard buying all the material, then reselling a part to the Bavarian State Library with previous appropriation of Bavarian funds in an American bank at a time of fluctuating exchange rates, with Harvard also requiring participation in the interest payments, was doomed to failure. The various factors and the interests of the persons involved could not be reduced to a common denominator. This situation gave the Bavarian State Library the opportunity of negotiating a partial acquisition with Moldenhauer directly and without the influence of a third party. The adopted course was: buy independently and then introduce mutual academic cooperation.

Moldenhauer visited the Bavarian State Library on 15th October 1985. The Library put the proposal of the separate purchase by both partners to Mr. Moldenhauer who agreed in principle. Thought was still being given to the original idea of a staggered purchase. However, after Moldenhauer and Harvard had agreed to use the interest payments already made for buying the "Americans", concrete negotiations were taken up between the Bavarian State Library and Moldenhauer with the approval of the Bavarian State Ministry for Education and Cultural Matters. In the meantime Moldenhauer had given up his plan to establish a Rosaleen-Moldenhauer-Foundation. This meant that the best pieces by the individual composers, which he had intended for this Foundation, were now for sale. Moldenhauer's decision was of course greatly welcomed.

On 2nd and 5th May 1986 Moldenhauer once again visited the Bavarian State Library and presented two detailed offers. The first included as a nucleus the music manuscripts and letters of Gustav Mahler. This the Bavarian State Library could not afford. The second offer included all the music manuscripts and letters of Alban Berg, Otto Jokl, Karl Amadeus Hartmann, Carl Orff, Max Reger, and Richard Strauss owned by Moldenhauer. We succeeded in getting Moldenhauer to include the extensive works of Wolfgang Fraenkel in the deal for a total of DM 2 million. A very good buy for the Library. Afterwards Moldenhauer obviously appreciated my remark at the end of the negotiations: "We got it all together."

As previously mentioned the contract was signed by both parties shortly afterwards. On 3rd August 1986 Dr. Montag, Head of the Acquisitions Department of the Bavarian State Library, flew to Spokane to receive the manuscripts. The valuable collection arrived intact at the Library the same month, where it is now accessible to research. The interest of scholars in this unedited material on the history of modern music was almost instantaneous.

(translated by Hans-Jürgen Schubert, Munich)

KATALOG
CATALOGUE

Richard Strauss. Walzerfolge *Rosenkavalier* 1. und 2. Akt, S. 1 (Katalog Nr. 1)

A. BAYERISCHE STAATSBIBLIOTHEK – ERWERBUNGEN AUS DER SAMMLUNG HANS MOLDENHAUER

A. I. BAVARICA

Die Bayerische Staatsbibliothek darf als größte Bibliothek innerhalb der Bundesrepublik Deutschland mit entsprechenden Aufgaben – zumal angesichts des Fehlens einer deutschen Nationalbibliothek – für die nationale Literaturversorgung ihre Funktion als regionale Sammel- und Archivstelle für das handschriftliche Kulturgut aus dem bayerischen Raum nicht vernachlässigen. So kümmert sie sich auch intensiv um Komponistennachlässe vor allem von solchen in Bayern geborenen oder hier wirkenden Künstlern, die über einen lokalen Bereich hinaus bekannt geworden sind. Bei Zerstreuung eines einschlägigen Nachlasses – das Schlimmste, was sich ein Komponist für die künstlerische und wissenschaftliche Pflege seines Vermächtnisses wünschen kann – bemüht sich die Bayerische Staatsbibliothek nach Kräften, privat, im Antiquariatshandel oder bei Versteigerungen angebotene Einzelstücke oder Teilnachlässe für ihren Bestand zu erwerben, um das Material so für die Öffentlichkeit zu sichern und der musikalischen Forschung und Praxis zugänglich zu machen.

1 RICHARD STRAUSS

Abb. S. 20

Einleitung und Walzer Rosencavalier I. und II. Akt für großes Orchester zum Concertgebrauch neu bearbeitet
o. Op. AV. 139

Autographe Reinschrift, signiert; 1945. 32 Seiten. Partitur.
Mus. ms. 17497
(beigelegt Porträtfoto von Strauss aus dem Jahre 1937; Ana 330, I, Ceschi)

Die eigenhändige Abschrift ist am Ende datiert mit „Baden, Verenahof 18. Dezember 1945". Richard Strauss, Sohn eines Hornisten im Münchner Hoforchester und späteren Professors an der Akademie der Tonkunst in München, wurde 1864 in der bayerischen Residenzstadt geboren, in welcher er auch aufwuchs und durch Privatunterricht eine vielseitige musikalische Ausbildung erhielt. In seiner dem Komponistenberuf parallelen Laufbahn als Dirigent wirkte Strauss zweimal an der Münchner Hofoper, von 1886 bis 1889 und von 1894 bis 1898. 1908 nahm er seinen ständigen Wohnsitz in Garmisch am Fuße der bayerischen Alpen, wo er 1949 auch gestorben ist. Das Walzerpotpourri aus dem ersten und zweiten

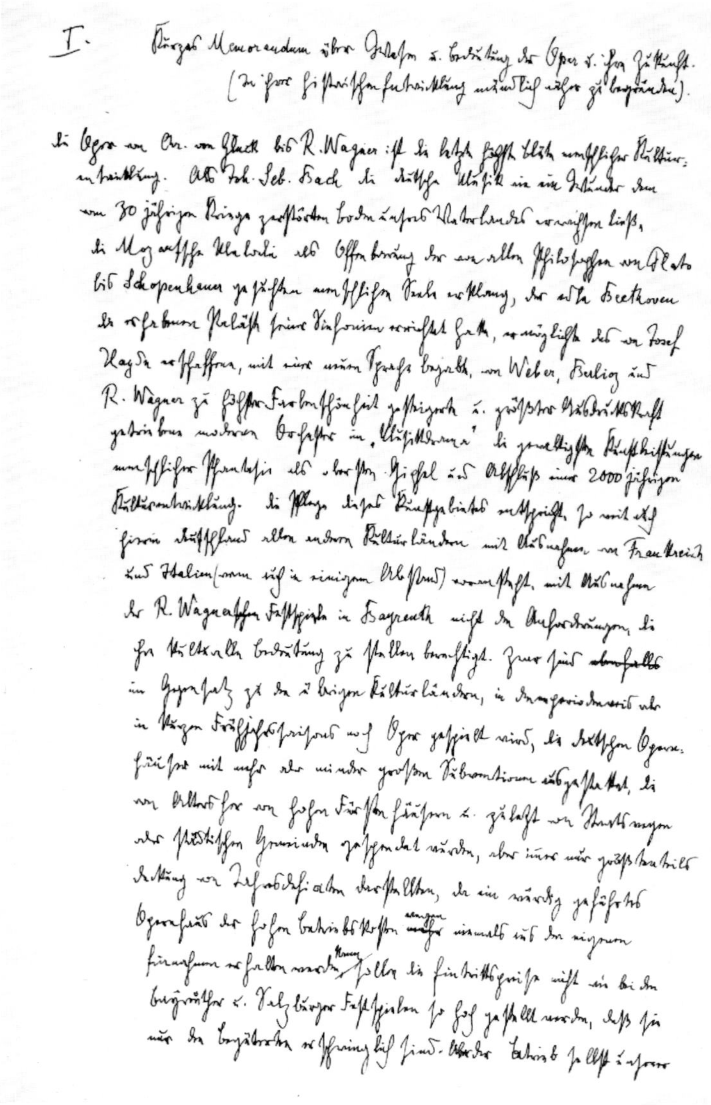

Richard Strauss. Memorandum, S. 1 (Katalog Nr. 2)

Akt des *Rosenkavaliers* hatte Strauss im Herbst 1944 selbst als Ersatz für die von ihm nicht sonderlich geschätzte Bearbeitung von Otto Singer aus dem Jahre 1912 zusammengestellt.

Erworben 1986. Aus der Sammlung Moldenhauer konnte gleichzeitig auch Strauss' *Albumblatt* für Klavier AV. 171 in der autographen Reinschrift von 1882 angekauft werden, die Urfassung des ersten der fünf *Stimmungsbilder* für Klavier op. 9 (*Auf stillem Waldespfad*, Mus. ms. 17496).

Literatur: Roswitha Schlötterer, *Richard Strauss und sein Münchner Kreis;* in: *Jugendstil-Musik? Münchner Musikleben 1890–1918.* Wiesbaden 1987 (Bayerische Staatsbibliothek. Ausstellungskataloge 40), S. 13–24.

2 RICHARD STRAUSS   *Abb. S. 22*

Memorandum über Wesen und Bedeutung der Oper und ihre Zukunft

Autograph, signiert; Garmisch, 28. 5. 1945. Titelblatt und 7 Seiten.
Ana 330, II, 5

Erschüttert von der Nachricht über die Zerstörung des Wiener Opernhauses zu Ende des Krieges, legt Richard Strauss in einem maschinenschriftlichen Brief vom 27. 4. 1945 an Karl Böhm sein „künstlerisches Testament" nieder. Eine zweite, veränderte Fassung davon ist das handschriftliche „Memorandum" des darauf folgenden Tages. Die Entwicklung der Kunststätten in Deutschland habe, mit Ausnahme Bayreuths, mit der Entwicklung der Oper seit 150 Jahren nicht Schritt gehalten. Der Betrieb der großen Opernhäuser unterliege trotz staatlicher Subventionen immer noch in qualitätsmindernder Weise geschäftlichen Gesichtspunkten. Strauss ruft daher dazu auf, die Situation des Wiederaufbaus der zerstörten Opernhäuser als eine Chance zur Reform zu begreifen und in den größeren Hauptstädten nach dem Vorbild der Pariser Grande Opéra und der Opéra Comique zwei Opernhäuser zu bauen. In den größeren Häusern als einer Art „Opernmuseum" seien die bedeutendsten Werke der Opernliteratur regelmäßig in Musteraufführungen von höchster Qualität darzubieten. Die kleineren Häuser hätten dagegen zum einen ernste Werke mit kleinerer Orchesterbesetzung und Spielopern aufzunehmen, zum anderen als Experimentierbühne für Novitäten zu dienen. Für beide Opernhäuser entwirft Strauss detaillierte Repertoirepläne. Für Berlin und Wien sei zudem als drittes eine „Volksoper" mit billigen Eintrittspreisen und gemischtem Spielplan (darunter auch problematische Novitäten) zu wünschen.

Erworben 1986.

Literatur: *The artistic testament of Richard Strauss.* Translated and with an introduction by Alfred Mann; in: *The Musical Quarterly* 36 (1950), S. 1–8.

Carl Orff. Skizzen zu *Oedipus der Tyrann* (Katalog Nr. 5)

3 MAX REGER AN ERNST WENDEL *Abb. S. 87*

Eigenhändiger Brief mit Unterschrift; Meiningen, 10. 6. 1912.
Ana 441, III, Reger, Max (beigelegt Porträtfoto Regers, Ana 441, IV, Reger; ehemals Sammlung Moldenhauer)

Die Jahre als Hofkapellmeister und Generalmusikdirektor in Meiningen (1911–1915) mit ihrer praktischen Erfahrung als Dirigent eines berühmten Orchesters waren vor allem für den Orchesterkomponisten Max Reger entscheidende und fruchtbare Jahre. So entstehen im Sommer 1912 auch Regers op. 123 und op. 125, die am 8. Oktober 1912 in Frankfurt am Main unter Wilhelm Mengelberg bzw. am 11. Oktober 1912 in Dresden unter Ernst von Schuch uraufgeführt werden. In seinem Brief vom 10. Juni bietet Reger beide Werke Ernst Wendel, dem Dirigenten der Bremer Philharmoniker, zur Aufführung an: „Am *30. Oktober* a. c. erscheinen bei Bote und Bock in Berlin W 8, Leipziger Straße Nᵒ 37 mein op 123 Concert im alten Styl für Orchester. mein op 125 Eine romantische Suite für Orchester (Notturno, Scherzo, Finale) nach Gedichten von Eichendorff. Beide Orchesterwerke dauern *je* 25 Minuten höchstens. Nun würde es mich sehr freuen, wenn Sie diese *beiden* Werke im kommenden Winter in Bremen zur Aufführung brächten oder doch wenigstens *eines*. Sobald ich meine ‚alten Schulden‘ ‚abgearbeitet‘ habe, bekommen auch Sie eine *Ur*aufführung [...]"

Erworben 1986.

4 MAX REGER *Abb. S. 89*

Präludium und Fuge für die Violine allein [...] op. 117 Nᵒ 6
Autograph, signiert; 1912. 8 Seiten.
Mus. ms. 13234

Vorlage für den Druck bei Bote und Bock in Berlin; entsprechende Eintragungen seitens des Verlagslektorats, u. a. das Datum der Stichanweisung 5. 8. 12. – Max Regers tiefe Verehrung für Johann Sebastian Bach kommt u. a. auch darin zum Ausdruck, daß er die seit der zweiten Hälfte des 18. Jahrhunderts völlig vernachlässigte Tradition, Werke für ein einzelnes Streichinstrument zu schreiben, wieder aufnimmt. Reger wurde 1873 in Brand bei Kemnath in der Oberpfalz (Bayern) geboren und wuchs in Weiden/Oberpfalz auf. 1901 übersiedelte er nach München, wo er sich in den folgenden Jahren im wesentlichen seinem kompositorischen Schaffen widmete. Im Schuljahr 1905/06 unterrichtete er dazu an der Akademie der Tonkunst Komposition und Orgel. Die Münchner Jahre Regers waren gekennzeichnet von teilweise sehr leidenschaftlich geführten Auseinandersetzungen mit den Vertretern der „Münchner Schule" um Ludwig Thuille, so daß sich der Komponist schließlich wieder von der Stadt abwandte und 1907 als Kompositionslehrer an das Leipziger Konservatorium ging.

Erworben 1979.

Literatur: Susanne Shigihara, *Max Reger und München. Eine unglückliche Liebe*; in: *Jugendstil-Musik?* (s. Nr. 1), S. 25–39.

Carl Orff. Fotografie, vor 1955 (Katalog Nr. 6)

5 CARL ORFF

Abb. S. 24

Skizzen zu Oedipus der Tyrann

Autograph (unsigniert); 1959. 2 Seiten.
Mus. ms. 17494

Skizzen mit Bleistift und roter Tinte zu den Abschnitten gedruckte Partitur Seite 248 ff. und 263–265. Carl Orff, der Komponist der *Carmina burana* (1937) und Schöpfer des weltweit bekannten *Schulwerks*, wurde 1895 in München geboren und hat zeitlebens fast ununterbrochen hier und in der Umgebung gelebt und gewirkt (gestorben 1982 in Diessen am Ammersee im bayerischen Voralpenland). Seine schulmäßige musikalische Ausbildung bekam Orff von 1912 bis 1914 an der Akademie der Tonkunst in München, 1921/22 folgten noch Studien bei Heinrich Kaminski. Von 1950 bis 1960 leitete Orff eine Meisterklasse für Komposition an der Münchner Hochschule für Musik. Carl Orff ist von allen Komponisten der Region mit Weltgeltung ohne Zweifel der „bayerischste". Am deutlichsten kommt dies zum Ausdruck in seinen eigenen Textvorlagen zu Bühnenwerken, die wortschöpferisch am altbairischen Dialekt ansetzen, daneben auch in der Auseinandersetzung mit Formen des geistlichen Theaters in Bayern zur Zeit des Barock. Seit den 40er Jahren wandte sich Orff mehrfach auch der Vertonung antiker griechischer Tragödien zu, fasziniert wie die Pioniere der Gattung Oper um 1600 von der Aufgabe, die ursprünglich gegebene, aber nicht überlieferte Einheit von Sprache, Musik und Bewegung mit moderneren Mitteln neu zu realisieren (*Antigone* und *Oedipus der Tyrann* von Sophokles in der Übersetzung von Friedrich Hölderlin, *Prometheus* des Äschylos in der Originalsprache).

Erworben 1986.

6 CARL ORFF AN HANS MOLDENHAUER

Abb. S. 26

Maschinenschriftlicher Brief mit Unterschrift und eigenhändigem Zusatz; Diessen am Ammersee/St. Georgen, 12. 4. 1959. Ana 441, I, Orff, Carl (beigelegt Porträtfoto Orffs von Ingeborg Sello, vor 1955, Ana 441, IV, Orff, Carl; ehemals Sammlung Moldenhauer)

Am 23. 3. 1959 hat Carl Orff die eigenhändige Originalpartitur seines *Oedipus der Tyrann*, der mittleren seiner drei musikdramatischen Bearbeitungen antiker Dramen, beendet. (1949 war *Antigonae* vorausgegangen, 1967 wird der *Prometheus* vollendet.) Knapp drei Wochen später schreibt er an Moldenhauer: „[...] Mit gleicher Post sende ich Ihnen ein Skizzenblatt von meinem neuen, noch unveröffentlichten Werk ‚Oedipus' [vgl. Katalog Nr. 5]. Uraufführung am 12. Dezember in Stuttgart im Rahmen einer Orff-Woche mit Antigonae, Trionfi, Mond, Kluge etc. Vielleicht wäre für Ihre Ausstellung eine Kollektion Schallplatten interessant. Meine sämtlichen Werke sind auf Schallplatten erschienen; auch das Schulwerk, erster und zweiter Teil in englischer Sprache. Weiterhin ist ein Film über mich persönlich hergestellt worden [...] sowie ein Film über das Schulwerk in kanadischer Fassung [...]"

Erworben 1986.

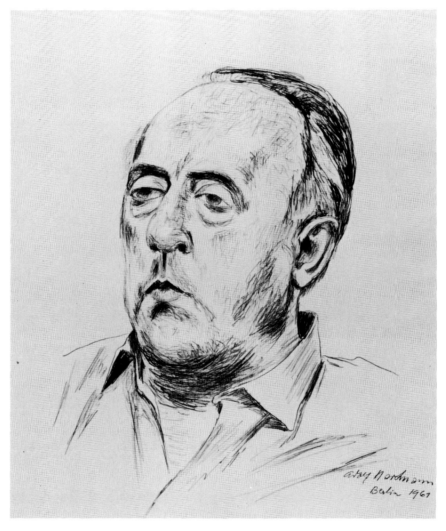

Karl Amadeus Hartmann. Kohlezeichnung von Adolf Hartmann, 1961 (Katalog Nr. 8)

7   WERNER EGK

Abb. S. 91

Skizzen „Irische Legende"

Autograph, signiert; um 1955. 15 Seiten. Partitur.
Mus. ms. 13223 (beigelegt Porträtfoto Egks aus dem Jahre 1954; Ana 410)

Beginn der Oper in Urfassung. Das Bleistiftmanuskript ist auch deshalb wertvoll, weil Egk seine Aufzeichnungen vor der Endgestalt der Kompositionen selbst nicht aufbewahrte. So bietet dieses „Erinnerungsstück" für Dr. Hans Moldenhauer ein seltenes Beispiel für den Schaffensprozeß des Künstlers. Werner Egk, geboren 1901 in Auchsesheim, heute ein Stadtteil von Donauwörth im bayerischen Schwaben, wuchs in Augsburg auf und bildete sich nach dem Abitur im wesentlichen autodidaktisch zum Komponisten. Seit den 20er Jahren hatte er seinen ständigen Wohnsitz in München und Umgebung, zuletzt in Inning am Ammersee im bayerischen Voralpenland, wo er 1983 auch gestorben ist. Egk, der auch als Dirigent hervorgetreten ist, gehört vor allem mit seinem Bühnenwerk (Opern, Ballette) zu den bedeutendsten deutschen Komponisten der Generation um Carl Orff. Die Oper *Irische Legende* wurde 1955 bei den Salzburger Festspielen uraufgeführt.

Erworben 1979 als Ergänzung zum kompositorischen Nachlaß Egk, der sich in der Bayerischen Staatsbibliothek befindet.

8   ADOLF HARTMANN

Abb. S. 28

Karl Amadeus Hartmann

Kohlezeichnung; Berlin 1961. 47 x 40 cm.
Portr. E, Hartmann, Karl Amadeus

Karl Amadeus Hartmann stammt aus einer künstlerisch mehrfach begabten Familie. Sein Vater Friedrich Richard Hartmann war Maler, ebenso sein Bruder Adolf (1900–1971), der 1948 Professor an der Münchner Akademie für Bildende Kunst wurde. „Es war mir frühzeitig klar, daß Bilder und Musik zur gegenseitigen Verständigung notwendig sind wie Wort und Miene", schreibt Karl Amadeus Hartmann, der in seiner Jugend unter dem Einfluß des fünf Jahre älteren Bruders zeitweise zwischen Malerei und Musik schwankte. Die Liebe zur bildenden Kunst, die Freundschaft mit bildenden Künstlern blieb prägend für sein Leben und fand u. a. auch Ausdruck in der graphischen Gestaltung der Musica-Viva-Konzertprogramme und -Plakate für München, an denen u. a. Joan Miró, HAP Grieshaber, Werner Gilles, Ewald Mataré, Giacomo Manzù und (für die Plakate) der Münchner Bühnenbildner Helmut Jürgens mitwirkten. „Du weißt, woher das kommt, Karl, dieses Bildnerische, Griffige an Deiner Musik, die Aufrisse, Kanten, Blöcke, Verschlingungen und Verstrickungen: Du bist zur Hälfte ein Mensch des

Letzter Satz aus der Sinfonischen Suite *Vita nova*, S. 79 (Katalog Nr. 10)

Auges und der Hand. Es liegt in der Familie. Bildende Kunst ist für Dich unmittelbar komplementär verzahnt mit Tonkunst", schreibt 1980 Hans-Wilhelm Kulenkampff in seinem *Monolog an den Freund.*

Erworben 1986.

Literatur: Karl Amadeus Hartmann, *Autobiographische Skizze*; in: *Kleine Schriften,* Mainz 1965, S. 9. – Hans-Wilhelm Kulenkampff, *Monolog an den Freund*; in: *Karl Amadeus Hartmann und die Musica Viva,* Mainz u. a. 1980 (Bayerische Staatsbibliothek. Ausstellungskataloge 21), S. 23 ff.

9 KARL AMADEUS HARTMANN

Streichquartett „Carillon"
Autograph, signiert; 1934. 24 Seiten. Partitur.
Mus. ms. 13044

Hartmann wurde 1905 in München geboren und verstarb ebenda 1963. Eine schulmäßige musikalische Ausbildung erhielt er von 1924 bis 1932 an der Akademie der Tonkunst in seiner Geburtsstadt, unter anderem dreieinhalb Jahre lang Kompositionsunterricht bei Joseph Haas, der ihm aber als Lehrer nicht behagte, so daß er schließlich den Theorieunterricht der Akademie ohne Abschluß quittierte. Seinen „eigentlichen" Lehrer fand Hartmann dann in dem großen Dirigenten Hermann Scherchen (1891–1966), Anfang der 40er Jahre schloß sich noch Unterricht bei Anton von Webern an. Bahnbrechend für den Nachholbedarf in Deutschland auf dem Gebiet der Neuen Musik nach dem Ende der Hitler-Diktatur war die von Hartmann in München begründete Veranstaltungsreihe Musica Viva, die auch international Nachahmung fand. Hartmann ist vor allem als der große deutsche Sinfoniker des 20. Jahrhunderts bekanntgeworden. Angefangen hatte er experimentierfreudig mit allerlei kammermusikalischen Werken und Kompositionen für Soloinstrumente. Der erste über den lokalen Bereich hinausgehende öffentliche Erfolg war sein *Erstes Streichquartett.* Hartmann schickte das Scherchen gewidmete Werk zu einem Wettbewerb nach Genf, wo es von der Jury (Ernest Ansermet, Henri Gagnebin, Gian Francesco Malipiero und Albert Roussel) mit dem ersten Preis bedacht wurde.

Erworben 1979. Die Sammlung Moldenhauer erwies sich besonders für das Werk Hartmanns als eine wahre Fundgrube.

10 KARL AMADEUS HARTMANN   *Abb. S. 30*

Letzter Satz aus der Sinfonischen Suite „Vita nova"
Autograph (unsigniert); 1943. 37 Seiten. Partitur.
Mus. ms. 17517

Das Werk *Vita nova*, dritter Teil des sinfonischen Triptychons *Symphoniae dramaticae* aus den Jahren 1941 bis 1943, galt bislang als verschollen. Der Finalsatz, Fragment der autographen Tintenreinschrift der

Vita nova, konnte überraschenderweise bei der Katalogisierung des 1986 aus der Sammlung Moldenhauer für die Bayerische Staatsbibliothek erworbenen Hartmann-Konvoluts identifiziert werden. Der physische Befund der Blätter führte dabei zu einer gleichermaßen interessanten weiteren Entdeckung, daß nämlich die *Zweite Sinfonie* Hartmanns, sein berühmtes *Adagio*, durch Umarbeiten des langsamen Satzes aus der Suite *Vita nova* entstanden ist, unter Einbeziehen von zahlreichen Blättern aus dem zum Zwecke der Revision aufgelösten Autograph der Suite in das früheste Manuskript der *Zweiten Sinfonie*.

Erworben 1986.

11   KARL HÖLLER

Erste Bleistift-Niederschrift der Sweelinck-Variationen für Orchester op. 56 „Mein junges Leben hat ein End"'
Autograph, signiert; 1950. 32 Seiten. Particellentwurf.
Mus. ms. 13228 (beigelegt Fotografie aus: Ursula Stürzbecher, Werkstattgespräche mit Komponisten. Köln 1971)

Das Manuskript ergänzt die von der Bayerischen Staatsbibliothek von anderer Seite erworbene Partiturreinschrift des Werks (Mus. ms. 6524). Der 1907 in Bamberg (Oberfranken/Bayern) als Sohn des dortigen königlichen Musikdirektors und Domorganisten geborene Höller, verstorben 1987 in Fischbachau-Faistenau bei Bayrischzell, studierte am Staatskonservatorium Würzburg und an der Akademie der Tonkunst in München (Meisterschüler von Joseph Haas). Seit 1933 unterrichtete er bereits an der Münchner Akademie. 1937 ging Höller an die Hochschule für Musik in Frankfurt am Main, wo er 1942 Professor wurde. 1949 wurde er als Nachfolger seines Lehrers Haas an die Hochschule für Musik in München berufen, deren Präsidium er von 1954 bis 1972 innehatte. „Höllers Musik, die vom Handwerklichen her große Sicherheit verrät, ist tonal gebunden, ohne sich an ein überliefertes Schema zu halten. Auffallend ist die Bevorzugung der Instrumentalmusik, hinter der die Vokalwerke freilich nur quantitativ zurücktreten. Von der kleinen Form ausgehend, hat sich Höller auf dem Wege über die Kammermusik die sinfonische Form erobert, die ihn [...] als souveränen Beherrscher orchestraler Möglichkeiten und kontrapunktischer Künste zeigt" (Helmut Wirth, in: *Die Musik in Geschichte und Gegenwart* 6, 1957, S. 519).

Erworben 1979.

12   HARALD GENZMER

Konzert für Violine und Orchester

Autograph des zweiten und dritten Satzes (unsigniert); 1959. 16 Seiten. Particellentwurf.
Mus. ms. 13224 (beigelegt Fotografie Genzmers von Inge Ofenstein; 1986)

Genzmer, 1909 in Blumenthal bei Bremen geboren, studierte von 1928 bis 1934 an der Berliner Musikhochschule, u. a. Komposition bei Paul Hindemith. Danach war er Korrepetitor und Studienleiter an der

Breslauer Oper, ab 1938 Lehrer für Tonsatz an der Volksmusikschule in Berlin-Neukölln. Während seiner Militärzeit ab 1940 wurde Genzmer weitgehend für Lazarettkonzerte und andere Musikveranstaltungen im Rahmen der Truppenbetreuung abgestellt. 1946 erhielt er einen Ruf als Professor an die Musikhochschule in Freiburg im Breisgau, von 1957 bis 1974 war er an der Hochschule für Musik in München tätig. Die Lehrjahre bei Hindemith prägten Genzmer in seinem Schaffen lebenslang. Es umfaßt mit Ausnahme der Oper alle musikalischen Gattungen. Viele Werke wenden sich an Laien und Studenten. Unter den von Paul Hindemith ausgehenden deutschen Komponisten ist Genzmer sicherlich die führende Gestalt. Er gehört zu den meistaufgeführten zeitgenössischen deutschen Tonsetzern.

Erworben 1980, zusammen mit dem bis dahin ebenfalls in der Sammlung Moldenhauer aufbewahrten Particellentwurf zum *Prolog für Orchester* aus dem gleichen Jahr.

Literatur: *Komponisten in Bayern. Dokumente musikalischen Schaffens im 20. Jahrhundert. 1. Harald Genzmer.* Tutzing 1983.

A. II. KOMPONISTEN AUS DEUTSCHLAND UND ÖSTERREICH IN DER EMIGRATION

Von den vielen Tonsetzern, die während der Hitler-Diktatur aufgrund ihrer rassischen Zugehörigkeit oder ihrer „entarteten" Kunstanschauung emigrieren mußten, hatten es schon die zu diesem Zeitpunkt etablierten Komponisten nicht leicht, in der neuen Umgebung Fuß zu fassen. Einigermaßen rasch und nachhaltig gelang dies in der Regel nur denjenigen Künstlern, die zu der Zeit, als sie dem Deutschen Reich den Rücken kehrten, auch international schon einen gewissen Bekanntheitsgrad aufweisen konnten – Paradebeispiel: Paul Hindemith. Die weniger renommierten Komponisten dagegen hatten es ungeheuer schwer, in der Fremde ihr künstlerisches Wollen weiterzuverfolgen. Da die zeitgenössische Produktion auf dem Sektor der E(rnsten)-Musik seit den 20er Jahren kaum mehr einen grenzüberschreitenden Konsens in Gestalt einer allgemeinen stilistischen Verständigungsbasis aufweist, sie vielmehr stark an ihre jeweiligen nationalen und regionalen Zirkel und Gemeinden gebunden ist, wozu auch die betreuenden Verlage zu rechnen sind, bedeutete die Vertreibung für diese nicht so im internationalen Rampenlicht stehenden Komponisten oft weitgehend deren künstlerische Isolation. So schrieben sie fortan vielfach nur noch quasi für sich, ohne ausreichende Resonanz in der Öffentlichkeit zu finden.

Es steht den deutschen Bibliotheken heute gut an, die Unbill, die den emigrierten Komponisten gerade auch für ihr künstlerisches Schaffen durch das Abschneiden vom Mutterboden zugefügt wurde, dadurch mildern zu helfen, daß sie sich um die betreffenden kompositorischen Nachlässe bemühen. Die beiden im folgenden vorgeführten Nachlässe von Otto Jokl und Wolfgang Fraenkel wurden 1986 erworben.

A. II. 1. OTTO JOKL

13 OTTO JOKL

Fotografie um 1930
Ana 497

Jokl wurde 1891 in Wien geboren. Seine musikalische Ausbildung erhielt er am dortigen Konservatorium bei Hermann Grädener, später studierte er noch bei Alban Berg (1926–1930). Danach wirkte Jokl als Musikpädagoge in seiner Vaterstadt. 1934 gewann er mit seiner Suite für Orchester den angesehenen Emil-Hertzka-Preis in Wien. In dieser Zeit entwickelte sich Jokl zu einem der wichtigsten Assistenten Bergs. Eine weitere Entfaltung des hochbegabten Talents verhinderte dann das völlige Abschotten des deutschen Musiklebens seit der Machtübernahme durch die Nationalsozialisten gegenüber allem, was mit dem Schönberg-Kreis zu tun hatte, die Angliederung Österreichs an das Deutsche Reich verurteilte den Komponisten schließlich zum Verstummen, zumal er auch noch jüdischer Abstammung war. So emigrierte Jokl 1940 nach New York, wo er 1963 verstorben ist.

Werkübersicht

I. Vokalwerke

1. Gesang mit Orchester oder Kammerensemble

Abend op. 1a. Bariton, Chor und kleines Orchester.

Abseits op. 17. 6 Lieder (Texte: Baudisch, Dauthendey, Fleischer, Holz, Illner). Gesang, Klarinette, Fagott, Viola, Violoncello, Kontrabaß.

Chöre op. 18. Gemischter Chor bzw. Männerchor mit Flöte, 2 Trompeten, 2 Hörnern und Schlagzeug.

Einer Verlassenen op. 20 / 1. Männerchor mit Kammerensemble.

Eine Nacht. Dramatische Fantasie. 3 Singstimmen, 2 Violinen, Violoncello und Klavier.

Neurotic songs (Text: G. Hartwig). Mittlere Stimmen und kleines Orchester.

Das Sterben Jesu. Solisten, Chor und Orchester.

Wir wähnten lange recht zu leben. Männerchor mit Blechmusikbegleitung.

2. A capella und Chor mit Klavierbegleitung

Es ruft. Solosopran und Frauenchor.

Die Heimatlosen (Text: Fontane). Gemischter Chor.

Lied der Stimmen in uns. Gemischter Chor.

Love, life and after. Kantate für Frauenchor mit Orchester.

Prayer (Text: Buscho-Klabund). Gemischter Chor.

Psalm. Gemischter Chor mit Klavier.

Reigen. Frauenchor mit Klavier.

The reply. Gemischter Chor.

So nimm denn meine Hände (Text: J. von Hausmann). Gemischter Chor.

Zur Lebensweisheit. 3 Sätze für gemischten Chor.

3. Gesang mit Klavier

Ca. 110 Lieder nach Texten u. a. von Abrahams, Adler, Baumbach, Becher, Bonsels, Buscho-Klabund, Carossa, Carryl, Claudius, Conkling, Däubler, Darwin, Dauthendey, Dehmel, Dickinson, Fau, Fontane, Fried, Ginzkey, Goethe, Grogger, Hartl, Heine, Hesse, Holz, Keller, Liliencron, Luschnat, Masters, Mikoletzky, Resa, Rieger, Robinson, Vischer, Wedekind, Weitbrecht, Werfel.

4. Bühnenmusik

Der eingebildete Kranke (Molière). Flöte, Viola und Cembalo (oder Klavier).

II. Instrumentalwerke

1. Für Orchester

Eight-minute-Symphony.

5 Fugen.

Longing for home. Für Oboe und Streichorchester.

Passacaglia.

Präludium und Fuge op. 7.

Scherzo-bizzaro.

Sinfonietta.

Sinfonietta seria op. 27.

2 Stücke für Streichorchester op. 12.

2 Suiten für Orchester.

Trauermarsch (1922).

2. Kammermusik

Dance of the puppets. Klavierquartett.

Duo für Violine und Violoncello (1925).

Heitere Suite op. 24. Für Altsaxophon, Trompete, Posaune, Violine, Klavier und Schlagzeug.

Quartett für Flöte, Oboe, Klarinette und Fagott.

4 Streichquartette.

1 Streichquintett.

Sonatine für Violine und Klavier op. 11.

Sonate für Violoncello und Klavier op. 13.

Sonate für Violine und Klavier op. 29.

Stück für Violine und Violoncello (1927).

Suite über jugoslawische Volkslieder für Streichquintett.

Trio für Oboe, Klarinette und Horn.

Trio für Violine, Violoncello und Klavier op. 10.

3. Werke für Klavier

Der Bär.

The day of an American baby.

Fantasie.

Fantastische Improvisation.

The frames of mind.

Jazzvariationen.

Melodie.

Sonatine op. 21.

Sonate op. 14.

11 Stücke.

Stück für 2 Klaviere.

5 Tanzstücke.

Variationen für Klavier op. 8.

Die Wanderer. Fuge.

III. Bearbeitungen

von Werken Alban Bergs, Giacomo Meyerbeers, Robert Schumanns, Karl Maria von Webers und Anton von Weberns.

14 OTTO JOKL AN PAUL F. SANDERS

Eigenhändiger Brief mit Unterschrift; Wien (September 1931). Beiliegend ein hektographiertes Blatt mit Auszügen aus Rezensionen zu Jokls *Klaviersonatine* op. 21
Ana 497

Am 25. Juli 1931 kam Jokls (seinem Lehrer Alban Berg) gewidmete *Klaviersonatine* op. 21 im Rahmen des Internationalen Musikfestes in Oxford zur Uraufführung. Auf Anregung der Pianistin Alice Jacob-Loewenson wendet sich Jokl brieflich an den Amsterdamer Komponisten und Musikkritiker Sanders mit der Anfrage, ob er seine *Klaviersonatine* auch zur Aufführung beim Musikfest der Internationalen Gesellschaft für Neue Musik (IGNM) in Amsterdam einreichen dürfe (1933), und fügt einen Auszug aus Rezensionen deutschsprachiger, englischer und französischer Zeitungen bei. Der „handwerklich einwandfrei gebauten" Sonatine „im Schönberg-Stil der mittleren Periode" werden darin u. a. feiner Klangsinn und Gefühlswärme, Erfindungsstärke, eine durchaus persönliche Sprache, der Vorzug formaler Knappheit, bedeutendes Können und eine aufrechte Haltung bescheinigt.

15   OTTO JOKL

Abb. S. 97

Heitere Suite op. 24. Sextett für Altsaxophon, Trompete, Posaune, Violine und Schlagzeug

Autograph und Lichtpause, signiert; um 1930. 51 bzw. 19 Seiten. Partitur.
Mus. ms. Jokl II/1 (vorläufige Signatur)

Grundlage für die Herstellung von Leihmaterial im Verlag Universal-Edition in Wien; entsprechender Stempel auf Umschlag und Titelblatt. Der Umschlag trägt ferner die Widmung: „Alban Berg, meinem innigst verehrten Lehrer, der diese Komposition anregte, in unwandelbarer Dankbarkeit zugeeignet". Jokl hatte das Werk zum 62. Deutschen Tonkünstlerfest des Allgemeinen Deutschen Musikvereins im Juni 1932 in Zürich angemeldet. Die Kritik reagierte, wie stets bei neuester Musik, je nach persönlichem Standpunkt sehr unterschiedlich: „Ein witziges, mit kaustischer Ironie erfundenes, kompositionstechnisch sehr hochstehendes Werk, die ‚Heitere Suite' [...] des Alban Berg-Schülers Otto Jokl, wirkte auf das konservative Publikum der Matinée, obendrein in einer nicht restlos geglückten Aufführung, leicht befremdend" (Hans Heinrich Stuckenschmidt in: *Melos* 11, 1932, S. 235). „Ja, wenn das, was in diesem klanglich gesetzten Stück [...] als ‚parodistisch' oder ‚ironisch' gemeint ist, auch nur den Schein von Witzigkeit besäße! Aber Jokls ‚Pointen' stammen aus der allerbanalsten Alltäglichkeit, und jede Kaffeehauskapelle improvisiert so was geistvoller als der durchgeistigste Alban Berg-Schüler" (Fritz Gysi in: *Zeitschrift für Musik* 99, 1932, S. 591).

16   OTTO JOKL

Streichquartett op. 25. Analyse

Autograph (unsigniert). 2 Seiten.
Ana 497

Grobe Gliederung mit gelegentlichen Interpretationshinweisen, gedacht also wohl als Beilage zum Aufführungsmaterial. Tatsächlich findet sich eine Abschrift des Textes bei der Lichtpause-Partitur im kompositorischen Teil des Nachlasses. Das Quartett, für welches Jokl 1933 beim Wiener Emil-Hertzka-Wettbewerb eine auszeichnende Anerkennung erhalten hatte, wurde in der österreichischen Hauptstadt am 9. Mai 1934 vom Galimir-Quartett uraufgeführt.

17   OTTO JOKL

Longing for Home. Piece for Ob[oe] & Str[in]g Orchestra

Autograph, erste Niederschrift mit Bleistift, signiert; 1946. 26 Seiten. Partitur.
Mus. ms. Jokl LV/2 (vorläufige Signatur)

Ein Beispiel dafür, welche Zugeständnisse an den eigenen künstlerischen Anspruch Komponisten in der Emigration machen mußten, um sich über Wasser zu halten. Mit vorliegender Komposition im Stile gehobener Unterhaltungsmusik beteiligt sich der Berg-Schüler Jokl an einem vom Verlag Coleman-Ross in New York zum 1. September 1946 ausgeschriebenen Wettbewerb für ein Werk in der Besetzung Oboe und Streichorchester. Hier war natürlich nicht das gefragt, was Jokl einst bei seinem Lehrer gelernt hatte, vielmehr muß er seine Herkunft verleugnen, schreibt deshalb auch unter dem auch in anderen vergleichbaren Fällen verwendeten Pseudonym „Anth[ony] G[arden]".

18   OTTO JOKL

Viertes Streichquartett

Autograph, Fragment des Bleistiftentwurfs (unsigniert); 1961. 39 Seiten. Partitur.
Mus. ms. Jokl II/6 (vorläufige Signatur)

Der Komponist bei „seriöser" Arbeit an einem Spätwerk. Markenzeichen der Schönberg-Schule: das Grübeln an den zugrundeliegenden Reihen entlang, über deren regelrechte Verwendung mit Bleistift und Buntstiften sorgfältig Buch geführt wird; ferner die obligate Erklärung der von Schönberg eingeführten und von seiner Schule übernommenen Sigel zur Bezeichnung von Haupt- und Nebenthemen (S. 26, eingekreister Text).

A. II. 2.   WOLFGANG FRAENKEL

19   WOLFGANG FRAENKEL

Fotografie um 1975 in: Programm einer Kammermusikveranstaltung vom 16. Juni 1980 (s. Nr.23, Literatur).

Fraenkel wurde 1897 in Berlin geboren. Neben privatem musikalischem Unterricht wurde er am dortigen Klindworth-Schwarwenka-Konservatorium ausgebildet (Violine, Viola, Klavier, Theorie, Dirigieren). Nach dem Abitur studierte er, unterbrochen durch Militärdienst während des Ersten Weltkriegs, bis 1923 an der Berliner Universität Rechtswissenschaften und war anschließend bis zur Machtergreifung Hitlers im Jahre 1933 in seiner Vaterstadt als Richter tätig. 1938 wurde Fraenkel im Konzentrationslager Sachsenhausen inhaftiert, woraus er im Frühjahr 1939 freigekauft werden konnte. Im März dieses Jahres emigrierte er nach China, wo er in Shanghai und Nanking als praktischer Musiker und Konservatoriumprofessor tätig war. 1947 übersiedelte er nach Los Angeles. Hier bestritt er seinen Lebensunterhalt vorwiegend mit Privatunterricht und Auftragswerken für Film und Fernsehen. Der Berg-Schüler Hans Erich Apostel schrieb 1947 in einer Referenz für den Verlag Universal-Edition in Wien, daß Fraenkel bestimmt wäre, eine richtungweisende Rolle gleich derjenigen von Schönberg und Berg im internationalen Musikleben zu spielen. Inwieweit hier Apostel aus innerer Überzeugung formulierte und nicht lediglich für den guten Zweck überzeichnete, wäre zu untersuchen. Die Preise, die Fraenkel für einzelne Kompositionen nach seiner Übersiedelung nach Amerika erhielt, können sich jedenfalls durchaus sehen lassen: 1947 Busoni-Preis Bozen für Klaviervariationen, 1962 Königin-Elisabeth-Preis von Belgien in Lüttich für das zweite Streichquartett, 1965 Preis der Scala in Mailand für die Komposition „Symphonic aphorisms". Gestorben ist Fraenkel 1983 in Los Angeles.

Werkübersicht (ohne die Frühwerke bis 1914; zum Teil handelt es sich nur um Entwürfe)

I. Vokalwerke

1. Gesang mit Orchester oder Kammerensemble

Die Heimkehr (1915; Text: Heine). Baß mit Orchester.

4 Totenlieder (1915; Texte: Fontane, Hebbel, Schiller, liturgisches Requiem). Soli, Chor mit Orchester.

Tor und Tod (1916; Text: Hofmannsthal). Gesang mit Orchester.

In himmelblauer Ferne (1919; Text: Holz). Alt mit Streichquartett.

Blaue Stunde (1919; Text: Nukada). Alt mit Orchester.

Liebesgedichte (1919; Texte: Tagore). Gesang mit Orchester.

Mitternacht (1919; Text: Mörike). Alt mit Streichquartett.

Sommerduft (1919; Text: Ohochihafuhi no Mitsune). Alt mit Orchester.

An eine fremde dunkele Frau (1921; Text: Fröböse). Baß mit Orchester.

Kyrie (1921). Soli, Chor mit Orchester.

Mein Sterbelied (1921; Text: Lasker-Schüler). Gesang mit Violine, Harfe und Klavier.

3 Gesänge (1924; Texte: Lasker-Schüler, Tagore). Alt mit Violine und Violoncello.

5 Lieder (1928; Texte: Morgenstern). Alt mit Kammerensemble.

Der Wegweiser, Kammerkantate (1931; Text: Leopold Marx). Sopran, Mezzosopran mit Oboe und kleinem Orchester.

Cantata brevis (1933). Sopran, Chor mit kleinem Orchester.

Die 82. Sure des Koran (1936). Alt mit Streichorchester und Pauken.

3 Lieder (1941; Texte: chinesische Dichter). Alt mit Orchester.

Filippo and his flute (1948; Text: Hildegard Level Meyerhoff). Sprecher mit Soloflöte und Orchester.

Sonne und Fleisch (1949; Text: Jean Arthur Rimbaud). Soli, Chor mit Orchester.

Des jungen Joseph-Osarsiph wundersamer Abendsegen und Sterbespruch (1968; Text: aus Thomas Manns „Joseph und seine Brüder"). Bariton mit Orchester.

Missa aphoristica (1973). Soli, Chor mit Orchester.

2. A cappella

Motette (1930). 4- bis 8stimmiger Chor.

3. Gesang mit Klavier

38 Lieder nach Texten von Bang, Etienne, Flaischlen, Fark Ali, Froböse, George, Goethe, Heine, Körner, Lenau, Lessing, Löns, Mirza-Schaffy, Mörike, Reus, Ritter, Storm, Tagore, Walther von der Vogelweide, Wieprecht und nach japanischen Dichtern.

4. Opern

Scherz, List und Rache (1918; Text: Goethe).

Der brennende Dornbusch (1928; Text: Kokoschka).

Hölle, Weg und Erde (1944, Fragment; Text: Georg Kaiser).

Gesellschaft im Herbst (1962, Fragment).

Pontius Pilatus (?; Text vom Komponisten).

II. Instrumentalwerke

1. Für Orchester

5 Sinfonien (1920, 1937, 1940, 1943, 1956).

Der Wingwurzh (1926).

Musik (1948).

Portrait of an American town (1957; "for radio studio orchestra").

Symphonic aphorisms (1959).

Aphoristische Symphonie (1970).

2. Konzerte

Flöte und Orchester (1930).

Violoncello und Orchester (1935).

Kadenzen zum Konzert für Flöte und Orchester KV 313 und zu den Serenaden KV 204 und 250 von Wolfgang Amadeus Mozart.

3. Kammermusik

Für 5 Instrumente:
    Streichquintett (1976)

Für 4 Instrumente:
    7 Streichquartette (1919, 1923, 1924, 1949, 1960).
    Serenade für Streichquartett (1920).
    Jazz für Streichquartett (1927).

Für 3 Instrumente:
    Divertimentum canonicum für Streichtrio (1935, Fragment).

Für 2 Instrumente:
  Romanze für Violoncello und Klavier (1915).
  Sonaten für Violine und Klavier (1935), Viola und Klavier (1963), Violoncello und Klavier (1934).
  Duo und 2 Sonaten für Violine und Viola (1917 bzw. 1918).
  Chinese song für Altflöte und Gitarre (um 1960).

4. Werke für ein Instrument

Klavier: 5 Sonaten (1915, 1916, 1920, 1921, 1930). 10 Impromptus (1918, 1919, 1921). 2 Suiten (1918, 1924). Variationen (1918, 1954). Präludien (1921, 1945). Stücke (1938, 1964). 2 One-steps (1919, 1927). Walzer (1918). Sérénade amoureuse (1918). Burleske (1922). Ballade (1923). Passacaglia (1923). Sonatine (1925). Invention (1954).

Orgel: Toccata (1934).

Violine: Musik (1954).

Viola: Sonate (1929).

Violoncello: Musik (1933).

III. Bearbeitungen

von Werken Johann Sebastian Bachs, Girolamo Frescobaldis, Georg Friedrich Händels und Anton von Weberns.

20   WOLFGANG FRAENKEL

Abb. S. 42

Motette. Musik für vier- bis achtstimmigen Chor a cappella

Autographe Reinschrift, signiert; 1931. 19 Seiten. Partitur.
Mus. ms. Fraenkel XXXI/1 (vorläufige Signatur)

Ein 1930 komponiertes Werk über einen lapidaren Text mit der Lebensweisheit: Nr. 1. Lebe, wie du, wenn du stirbst, wünschen wirst gelebt zu haben; Nr. 2. Denn das Leben ist kurz; Nr. 3. Darum: Lebe, wie du, wenn du stirbst, wünschen wirst gelebt zu haben.

21   WOLFGANG FRAENKEL

Afunktionelle Musik. Versuch einer systematischen Darstellung

Typoskript-Durchschlag mit eigenhändigen Korrekturen und Zusätzen; Vorwort datiert Berlin 1938. 317 Seiten (ursprünglich 274).
Ana 496

In den 30er Jahren setzte sich Fraenkel gründlich mit der Neuen Musik auseinander. Die Reflexionen mündeten in eine umfangreiche Abhandlung, in deren Zentrum eine Darstellung der „Zwölftontechnik"

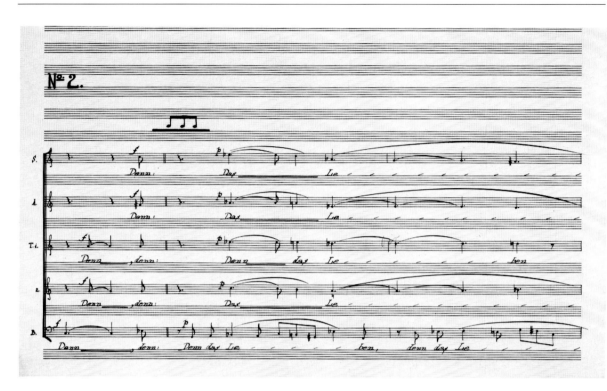

Wolfgang Fraenkel. *Motette*, S. 4 (Katalog Nr. 20)

steht. Zu einer Publizierung des druckfertigen Manuskripts innerhalb des Deutschen Reichs konnte es natürlich schon wegen der Thematik Ende der 30er Jahre kaum mehr kommen. Überdies wanderte der jüdische Autor im Jahr der Fertigstellung ins Konzentrationslager und war damit nicht mehr publizierbar. So nahm Fraenkel das Typoskript schließlich mit in die Emigration nach China. Dort wurde es, wie die umfangreichen Ergänzungen und Korrekturen zeigen, immer wieder hervorgeholt und überarbeitet, was beweist, daß Fraenkel noch immer an eine Veröffentlichung dachte. Eine Reinschrift der Endfassung gedieh allerdings nur noch bis Seite 78. Es dürfte sich lohnen, diesen Versuch einer Auseinandersetzung mit der Neuen Musik vor dem Hintergrund der Zweiten Wiener Schule von der Warte eines nicht aus der Lehrtradition dieses Kreises hervorgegangenen Autors der 30er Jahre zur Kenntnis zu nehmen.

22   ARTIST CLUB SHANGHAI

Programm eines Konzerts im Shanghai Jewish Club am 15. Juni [1944]
Ana 496

An dem Liederabend ist auch Fraenkel beteiligt, der Beethovens F-Dur-*Romanze* op. 50 und die *Ballade und Polonaise* op. 38 von Vieuxtemps vorträgt. Auf der Rückseite des Programms finden sich Notizen Fraenkels für Korrekturen im Manuskript seiner Studie *Afunktionelle Musik*.

23   WOLFGANG FRAENKEL

Drei Orchesterlieder nach chinesischen Dichtern für Altstimme und Orchester
Autographe Reinschrift, signiert; 1941. 62 Seiten. Partitur.
Mus. ms. Fraenkel XVIII/1 (vorläufige Signatur)

Zeugnis für Fraenkels chinesischen Aufenthalt. Der Komponist hat sich inzwischen voll den Zwölftönern angeschlossen, deren Kompositionstechnik ihn schon seit seinen Berliner Jahren interessierte. Allen drei Liedern liegt eine gemeinsame Reihe zugrunde, deren Verwendung am Ende der Handschrift dargestellt wird. In der Zeit seines Aufenthalts in San Francisco hatte Fraenkel auch vertrauten Umgang mit dem Vater der Dodekaphonie, Arnold Schönberg. Er widmete ihm anläßlich von dessen 75. Geburtstag sein Streichquartett aus dem Jahre 1949. Im gleichen Zusammenhang leitete er die Erstaufführung von Schönbergs *Ode an Napoleon Buonaparte* in der originalen Fassung mit Streichquartett. 1957 schrieb Fraenkel Klaviervariationen über ein Thema von Schönberg.

Literatur: Programm einer Kammermusikveranstaltung "Music from the Moldenhauer Archives" am 16. Juni 1980 in Spokane/ Washington, U.S.A. (Bayerische Staatsbibliothek, Korrespondenz Dr. Hans Moldenhauer).

Alban Berg. Ölgemälde von Hildegard Jone (Katalog Nr. 26)

24 WOLFGANG FRAENKEL

Thematische Analyse von Hindemith, Op. 37, N° 4

Autograph (unsigniert). 6 Seiten.
Ana 496

Der Nachlaß Fraenkel enthält auch eine Reihe von Analysen zu Klavierwerken von Bach, Beethoven, Schubert, Chopin, Brahms, Reger und Hindemith. Sie entstanden wohl im wesentlichen im Rahmen der Tätigkeit Fraenkels als Lehrer am Konservatorium in Shanghai, vorliegendes Manuskript des Klavierstücks op. 37, 4 allerdings offensichtlich erst nach der Übersiedelung in die USA, da das verwendete Papier das Wasserzeichen einer amerikanischen Firma aufweist. Die Arbeit war also vermutlich Hilfsmittel für die dortige Tätigkeit als Privatmusiklehrer.

25 WOLFGANG FRAENKEL

Symphonische Aphorismen für Orchester

Autographe Reinschrift, signiert; 1959. 51 Seiten. Partitur.
Mus. ms. Fraenkel VIII/1 (vorläufige Signatur)

Mit dem Werk gewann Fraenkel den ersten Preis eines internationalen Kompositionswettbewerbs der Scala in Mailand im Jahre 1965. 1966 dirigierte Bruno Maderna dort die Uraufführung der Komposition.

A.III ALBAN BERG UND SEIN KREIS

Der 1885 in Wien geborene und 1935 ebenda verstorbene Berg gehört mit seinem Lehrer Arnold Schönberg und seinem Mitschüler Anton von Webern zu den Begründern der sogenannten Zweiten Wiener Schule, die mit der rigorosen Hinwendung zur Atonalität und zur sogenannten Zwölftontechnik (Dodekaphonie) das europäische Komponieren von Grund auf revolutioniert hat. Berg besuchte von 1904 bis 1910 Schönbergs Kompositionskurse. Eine epochale Stellung innerhalb der Musikgeschichte des 20. Jahrhunderts nimmt er vor allem mit seinen beiden Opern ein, *Wozzeck* nach Georg Büchners Dramenfragment, 1925 uraufgeführt, und *Lulu* nach Dramen von Frank Wedekind (unvollendet, erst postum im Jahre 1937 uraufgeführt). Der Nachlaß des Komponisten wurde von der Witwe der Österreichischen Nationalbibliothek übergeben. Die Bayerische Staatsbibliothek nutzte die einmalige Gelegenheit, aus der Sammlung Moldenhauer ein noch nicht in öffentlicher Hand befindliches stattliches Konvolut von Originalquellen zu Alban Bergs Werk und Wirken für die Forschung zu sichern (erworben 1986.)

26 HILDEGARD JONE

Abb. S. 44

Alban Berg

Ölgemälde, signiert; undatiert. 27,5 x 27,5 cm.
Ana 500, E, 10

Kaum je habe er einen Menschen gekannt, der so sehr seinem Namen glich wie Berg, schreibt der Soziologe und Berg-Schüler Theodor W. Adorno 1968 in seinem Buch über Berg. „[...] sein Gesicht war ein
Berg-Gesicht, gebirgig in dem doppelten Sinn, daß es die Züge eines in den Alpen Heimischen trug, und
daß er selber, mit der edel geschwungenen Nase, dem weichen und feinen Mund und den abgründigen,
rätselhaft leeren Augen, die wie Seen blickten, etwas von einer Berglandschaft hatte." – Die Malerin und
Dichterin Hildegard Jone (1891–1963) und ihr Mann, der Bildhauer Josef Humplik, der 1928 eine Porträt-
büste Bergs schuf, waren seit 1926 eng mit Bergs Freund Anton von Webern befreundet. In den Jahren
nach 1934 schuf Webern mehrfach Lieder und Kantaten nach Texten von Hildegard Jone. Auch Berg, der
ihr in einem Brief vom 26. 11. 1932 (Ana 500, B, Jone, Hildegard; ehemals Sammlung Moldenhauer) für
die „herrlichen Gedichte" in der ihm zugesandten Zeitschrift „Brenner" dankt, wußte sie als Dichterin zu
schätzen. Die 1934 im Verlag der Universal-Edition in Wien erschienene Festschrift *Arnold Schönberg
zum 60. Geburtstag* wird – nach einem Gedicht Schönbergs – mit einem Beitrag von Hildegard Jone
eröffnet.

Literatur: Theodor W. Adorno, *Berg. Der Meister des kleinsten Übergangs.* Wien 1968, S. 22. – Anton Webern, *Briefe an Hildegard
Jone und Josef Humplik.* Hrsg. von Josef Polnauer. Wien 1959.

27 ALBAN BERG

Sieben frühe Lieder (1907)

Konvolut aus Autographen, handschriftlichen Kopien und der mechanischen Vervielfältigung einer Kopie mit autographen
Einklebungen. 29 Seiten. Gesang mit Klavier.
Mus. ms. 17485

Alle Nummern zeigen zahlreiche Ergänzungen und Korrekturen von der Hand des Komponisten. Das
Konvolut diente offenbar als Vorlage für die Reinschrift der Druckvorlage (Wien: Universal-Edition,
c1928), die sich innerhalb des kompositorischen Nachlasses von Alban Berg in der Musiksammlung der
Österreichischen Nationalbibliothek befindet (F 21 Berg 10).

Literatur: *Katalog der Musikhandschriften, Schriften und Studien Alban Bergs im Fond Alban Berg und der weiteren handschriftlichen
Quellen im Besitz der Österreichischen Nationalbibliothek.* Wien 1980 (Alban Berg Studien 1), S. 47 f.

Alban Berg. *Orchesterlied* op. 4/5, S. 1 (Katalog Nr. 28)

28 ALBAN BERG

Abb. S. 47

Ein Orchesterlied (Op. 4 Nº 5) [...] (für Klavier, Harmonium, Geige u. Violoncello arrangiert)

Autograph, signiert; März 1917. 6, 3, 3, 4 Seiten. Partitur und Stimmen Violine, Violoncello und Harmonium.
Mus. ms. 17487

Beigebunden sind die Erstdrucke der Klaviersonate op. 1 und der Lieder op. 2. Die Bearbeitung ist im Titel Alma Mahler, ihrer (und Gustav Mahlers) Tochter Anna genannt Gucki und beider Quartettgenossen gewidmet. Berg dedizierte der ihm freundschaftlich verbundenen Witwe Gustav Mahlers später auch seinen *Wozzeck*. – Das exakte Zwölftonthema, das sich der Komponist zur Freude der Dodekaphonie-Historiker beim Einsatz der Oberstimme im Anschluß an den Baß-Ostinato bereits in einem Werk aus dem Jahre 1912 hat einfallen lassen, ist auch im Arrangement mit den Oktaven in der rechten Hand des Klavierspielers herausgemeißelt.

Literatur: Hans F. Redlich, *Alban Berg*. Wien u. a. 1957, S. 85 f.
Faksimile-Ausgabe: Wien: Universal-Edition, in Vorbereitung (Veröffentlichung der Kommission Bayern – Harvard für Musikgeschichte des 20. Jahrhunderts).

29 ALBAN BERG

Wozzeck [...] op. 7

Erstausgabe des Klavierauszugs, Wien: Selbstverlag, [1922]; Plattennummer A B 4. Mit handschriftlichen Eintragungen.
Mus. ms. 17465

Impressum mit Bleistift geändert: Universal-Edition Wien – N. Y. Zahlreiche Eintragungen von der Hand Bergs und Otto Jokls (s. den Abschnitt Komponisten aus Deutschland und Österreich in der Emigration). – Den Klavierauszug hatte Bergs Schüler Fritz Heinrich Klein angefertigt. Berg rief 1922 für die Ausgabe zur Subskription auf, tatkräftig unterstützt von Alma Mahler (vgl. Katalog Nr. 60).

30 ALBAN BERG

Praktische Anweisungen zur Einstudierung des „Wozzeck"

Typoskript-Durchschlag mit teilweise autographen Korrekturen und Ergänzungen; [1930]. 6 Seiten.
Ana 500, A, 2

Bergs Hinweise für die Einstudierung seines *Wozzeck* („Musikalisches", „Inszenierung und Regie"), die offenbar ursprünglich den Ausgaben beigegeben werden sollten, wie man Anweisungen an einen „Kopisten" entnehmen kann, wurden erst postum 1937 in Willi Reichs Berg-Biographie veröffentlicht (*Alban Berg*, Wien 1937, S. 166–172).

31 ALBAN BERG AN FRITZ STIEDRY

Eigenhändiger Brief mit Unterschrift; ohne Ort, 28. 5. 1932.
Ana 500, B, Stiedry, Fritz

Bergs *Kammerkonzert* für Klavier und Geige mit dreizehn Bläsern – 1925 nach zweijähriger Arbeit vollendet und Arnold Schönberg als „ein kleines Denkmal einer nunmehr zwanzigjährigen Freundschaft" zugeeignet (offener Brief vom 9. 2. 1925 in: *Pult und Taktstock* 2, 1925, S. 23–28) – wurde am 20. März 1927 in Berlin unter Hermann Scherchen uraufgeführt. Fünf Jahre später bringt es Fritz Stiedry am 20. Mai 1932 abermals in Berlin zur Aufführung. Berg schreibt dem Dirigenten: „Mein lieber, verehrter Herr Doktor, nun muß ich Ihnen aber doch von Herzen danken, für d[as], was Sie durch die Aufführung des Kammerkonzerts für *mich* und *diese Musik* getan haben. Ich habe ein paar Dutzend Kritiken gelesen, briefliche und mündliche Berichte erhalten, darunter solche mir *ganz* maßgebende, wie z. Bsp. die [des Pianisten Eduard] Steuermanns und ich kann heute ohne – leider, leider! – einen Ton davon gehört zu haben, *behaupten*, daß das eine *über alle Maßen* geglückte Aufführung war. Und das will was heißen! Ist es nicht nur *mein* schwierigstes Werk, sondern vielleicht eines der schwersten Kammerorchesterwerke überhaupt. Glauben Sie nicht auch, lieber Herr Doktor? [...]".

32 BERG UND DAS ZEITGENÖSSISCHE MUSIKLEBEN

Heft aus grobem Packpapier in Folioformat mit eingeklebten Zeitungsausschnitten und eigenhändigen Kommentaren Bergs.
29. 10. 1927 bis 16. 1. 1928.
Ana 500, A, 15

Die Zeitungsausschnitte besprechen – mit wenigen Ausnahmen – Ereignisse aus dem Musikleben: u. a. ein Bruckner-Konzert des Rosé-Quartetts, Aufführungen von Meyerbeers Oper *Der Prophet*, Strauss' *Frau ohne Schatten*, Puccinis *Gianni Schicchi*, Klemperers Debut als Direktor der Berliner Staatsoper mit *Fidelio*, Wilhelm Furtwängler als Chef der Wiener Philharmoniker. Besonderes Interesse bringt Berg dem Wirken Erich Wolfgang Korngolds entgegen, seiner Oper *Violanta* und vor allem der am 29. 10. 1927 erstmals in Wien aufgeführten Oper *Das Wunder der Heliane*, die er in einer ausführlichen Bleistiftnotiz als „die 1. *vollkommene* Oper seit 1/4 Jahrhundert" bezeichnet (1902: Uraufführung von Debussys *Pélleas et Mélisande*). Das Heft endet mit einer Bleistiftnotiz „31./12 Jonny première" und Zeitungsausschnitten über die Uraufführung von Ernst Křeneks Jazzoper *Jonny spielt auf.*

33 ALBAN BERG AN RUŽENA HERLINGER   *Abb. S. 106*

Eigenhändiger Brief mit Unterschrift; Wien, Juni 1930.
Ana 500, B, Herlinger, Ružena

1929 komponiert Berg im Auftrag der Wiener Sopranistin Ružena Herlinger in strenger Zwölftontechnik die Konzertarie mit Orchester *Der Wein* nach drei Gedichten aus Baudelaires *Fleurs du Mal* in der Über-

Die Lampe erlischt. Auf der Diele unter den beiden Fenstern erscheinen vom
Mondlicht zwei viereckige grelle Flecke. Im Zimmer ist alles deutlich erkennbar.)

GESCHWITZ (allein, wie im Traum): Das ist der letzte Abend, den ich mit
diesem Volk verbringe. - Ich kehre nach Deutschland zurück. -Ich
lasse mich immatrikulieren - Ich muß für Frauenrechte kämpfen,
Jurisprudenz studieren......

In die tiefe Stille,die diesen Worten folgt, ertönt aus der Kammer die Stimme
LULU's - Nein!-Nein!- Nein, nein!!! - (ein fürchterlicher Todesschrei.)
GESCHWITZ (richtet sich ganz starr auf und stürzt dann plötzlich zur Tür von
Lulus Kammer, an der sie mit aller Kraft rüttelt.)
JACK (reißt, zur Erde gebückt, die Tür von innen auf und rennt der
Geschwitz ein blutbeflecktes Messer in den Leib.)
GESCHWITZ (bricht zusammen.)
JACK (an der Geschwitz vorbei): Das war ein Stück Arbeit! (Sieh in
der Schale, die unter der Dachluk steht, die Hände waschend):
Ich bin doch ein Glückspilz! (Sieht sich nach einem Handtuch um):
Nicht einmal ein Handtuch haben die Leute... (Sieh überdie Gesch-
witz neigend):Mit Dir ist es auch bald zu Ende. (Durch die Mitte
ab.)

GESCHWITZ (allein): Lulu! - Mein Engel! - Laß Dich noch einmal sehn! - Ich
bin Dir nah! Bleibe Dir nah - in Ewigkeit! (Sie stirbt).

Ende der Oper

Alban Berg. Textbuch zu *Lulu*, S. 51 (Katalog Nr. 34)

tragung von Stefan George. Am 23. Juli ist das Particell abgeschlossen, am 23. August liegt die Partiturreinschrift vor. Nach der Uraufführung in Königsberg am 4. Juni 1930 dankt Berg der Sängerin: „Sie haben mir mit der Wiedergabe meiner ‚Wein-Arie‘ eine große künstlerische Freude bereitet, und ich glaube behaupten zu können, daß uns das, was wir hier angestrebt haben, vollauf *gelungen* ist: *mir*, indem ich ein Musikstück schrieb mit besonderer Berücksichtigung der vielen Schönheiten Ihrer Stimme, – *Ihnen*, indem dann auch alles *da* war, was zur Wiedergabe nötig ist, so daß es also eine *doppelte* Freude für mich wurde, als Sie die Arie zum erstenmal mit Orchester (unter Scherchen in Königsberg beim Musikfest des Allgemeinen Deutschen Musikvereins) so schön und erfolgreich sangen[...]“ Später wird Berg den Wunsch äußern, „meine Weinarie einmal von einem *Tenor* singen zu lassen. *Textlich* ist diese Arie ja unbedingt ein Männerlied“ (Brief an den Dirigenten Karel Boleslav Jirák vom 18. 10. 1935; Ana 500, B, Jirák, Karel Boleslav). Doch geht dieser Wunsch erst 1952, 17 Jahre nach Bergs Tod, in einem von Karl Amadeus Hartmanns Musica-Viva-Konzerten in München mit dem Tenor Peter Pears in Erfüllung (Münchner Erstaufführung der Arie, 24. 11. 1952).

Literatur: Hans F. Redlich, *Alban Berg*. Wien u. a. 1957, S. 202 ff. – Programmheft des angeführten Münchner Konzerts.

34 ALBAN BERG *Abb. S. 50*

Lulu. Oper in drei Akten (7 Szenen) [...] nach den Tragödien Erdgeist und Büchse der Pandora von Frank Wedekind

Textbuch, Typoskript-Durchschlag mit eigenhändigen Korrekturen und Entwürfen Bergs. Fragment, 21 Seiten (1–19 und 51, dazu 4a; die Seiten 20–50 fehlen).
Ana 500, A, 6

Am 29. Mai 1905 bringt Karl Kraus in Wien Wedekinds *Büchse der Pandora* zur Uraufführung und deutet in einer die Premiere einleitenden (und später in der *Fackel* veröffentlichten) Rede die beiden Lulu-Dramen als „die Tragödie von der gehetzten, ewig mißverstandenen Frauenanmut“. Alban Berg ist von der Aufführung und der Rede, aus der er sich einzelne Stellen notiert, tief beeindruckt. Dennoch vergehen über 20 Jahre, bis er sich im Frühjahr 1928 dem *Lulu*-Stoff zuwendet. Die Umarbeitung der beiden Wedekindschen Dramen mit ihren insgesamt sieben Akten und zwei Prologen zu einem dreiaktigen Operntext nimmt ein Jahr in Anspruch; erst im Frühjahr 1929 kann Berg mit der Komposition beginnen. Doch noch in einem Brief vom 7. April 1930, als ihm „das Buch als Oper im Großen natürlich schon längst gegenwärtig“ ist, berichtet Berg seinem Freund und Lehrer Schönberg von den Schwierigkeiten der Texteinrichtung: „[...] Neben der Komposition, deren 12-Ton-Stil mir noch immer nicht gestattet, schnell zu arbeiten, hält mich auch das Textbuch sehr auf. Dessen Festlegung geht nämlich Hand in Hand mit der Komposition. Da ich ja 4/5 von Wedekinds Original streichen muß, bereitet mir die Wahl des stehenbleibenden Fünftels schon genug Qual. Was für eine oft erst, wenn ich mich bestrebe,

Alban Berg. Skizzen zu *Lulu*, Seite mit der Widmung (Katalog Nr. 35)

sie den musikalischen Formen (größeren und kleineren) einzuordnen und hierbei diese eigentümliche Sprache Wedekinds nicht zu zerstören! [...]".

Literatur: Hans F. Redlich, *Alban Berg*. Wien u. a. 1957, S. 210 ff. – Willi Reich, *Alban Berg*. Zürich 1963, S. 147 ff.

35 ALBAN BERG

Abb. S. 52

Skizzen zu Lulu

Autograph, signiert; 1931. 3 Seiten.
Mus. ms. 17488

Bleistiftskizzen zu Akt I, T. 1278–1283 und T. 1289–1310 der gedruckten Partitur. Auf der ersten Seite hat Berg mit Rotstift einen Überlassungsvermerk notiert: „Lieber Schloß / Auch eine ‚Briefarie‘ / aber leider nur von Alban Berg / Okt[ober] 31". Julius Schloß gehörte um 1930 zu den Schülern Bergs. – Ein weiteres Blatt mit Skizzen zu T. 1005–1020a des ersten Akts, ebenfalls aus der Sammlung Moldenhauer, unter der Nachbarsignatur Mus. ms. 17489. Ferner konnte von Dr. Moldenhauer eine Partitur-Lichtpause der *Symphonischen Stücke aus „Lulu"* erworben werden (Wien: Universal-Edition, c1934), in welcher sich u. a. auch eigenhändige Eintragungen Bergs finden. Sie war früher im Besitz des Musikschriftstellers Willi Reich, ebenfalls ein Schüler Alban Bergs.

36 ALBAN BERG AN ARNOLD SCHÖNBERG

Eigenhändiger Briefentwurf auf der Rückseite einer Korrekturfahne; [28. August 1934].
Ana 500, B, Schönberg, Arnold

Mit einem Akrostichon auf die Worte „Glaube, Hoffnung und Liebe" widmet Alban Berg seine Oper *Lulu* seinem Lehrer Arnold Schönberg zum 60. Geburtstag. Die Schönberg übersandte Abschrift des Prologs der *Lulu* begleitete ein im Entwurf erhaltener Brief: „Mein liebster Freund, ich weiß, daß Du auf meine – auf Alwa's Frage: ‚Darf ich eintreten‘ (den ersten Worten in der Oper Lulu, wenn der Vorhang aufgeht) mit Schön antworten würdest: ‚Komm nur ungeniert herein‘ u. daß ich dann in meine Umarmung all die Gefühle legen würde, die mich an diesem 13. Sept. beseelen. Daß ich es aber nur aus der Entfernung tun kann, ist das eine was mich an diesem Tag schmerzt! Das andere, daß ich Dir – alles eine Folge dieser fürchterlichen Zeit - nicht mit einem wirklichen *Geschenk* nahen kann, sondern nur mit einer *Widmung*. Nimm Sie [!] bitte entgegen, nicht nur als ein Produkt dir zu innerst geweihter Jahrelanger Arbeit, sondern auch als die Dokumentierung meiner innersten Überzeugung nach Außen hin: die ganze Welt u. auch die deutsche soll in der Zueignung dieser deutsche[n] Oper erkennen, daß sie beheimatet ist in dem Bezirk deutschester Musik der für ewige Zeit *Deinen* Namen tragen wird [...]"

Literatur: Willi Reich, *Alban Berg*. Zürich 1963, S. 166 ff.

B. HOUGHTON LIBRARY, HARVARD UNIVERSITY, CAMBRIDGE (MASSACHUSETTS) – MATERIALS PRIMARILY FROM THE ESTATE OF RUDOLF KOLISCH AND ACQUISITIONS FROM THE COLLECTIONS OF HANS MOLDENHAUER

Introductory Notes

In this joint exhibition of twentieth-century musical sources the Houghton Library of Harvard University presents materials chiefly from two major 1986 acquisitions, the "Americana" portion of the Moldenhauer Archives and the Kolisch estate, supplemented by a few closely related items from the Houghton Library's other collections. The newly acquired holdings, once catalogued and made available, will make the Houghton Library an important research center for studies in twentieth-century American music and for the music and performance of the so-called Second Viennese School both in Europe and in exile.

The "Americana" from the collection of Hans Moldenhauer (1906–1987), the emigré collector and scholar, comprise manuscripts, scores, and letters of leading twentieth-century American composers and include also the papers of several German and Austrian composers of mostly Jewish descent who were forced to leave their home countries during the Nazi period: Alexander von Zemlinsky (1871–1942), Paul Amadeus Pisk (b. 1893), Vally Weigl (1899–1982, wife of the composer Karl Weigl), and Ernst Křenek (b. 1900).

The estate of the Austrian-born violinist Rudolf Kolisch (1896–1978), who lived and worked in the United States from 1939, came to Harvard University virtually in its entirety. It is not a deliberately assembled collection but one that developed organically from his lifelong occupation with twentieth-century music and its performance. Kolisch's collection reflects his relationship to fellow Jewish emigré musicians, especially to Schoenberg, his teacher, brother-in-law, and friend for life.[1]

An ideal complement to the Moldenhauer Archives and Kolisch Papers forms the collection deposited by the violinist Louis Krasner (b. 1903), who became world famous as the first performer of the Berg and Schoenberg violin concertos in 1936 and 1940.

The majority of the composers and performers exhibited here belonged to the avant-garde scene in the vibrant musical life of early twentieth-century Vienna, and most of them, for political reasons, had to seek a new professional life in a foreign country with all the difficulties and frustrations of such an uprooting.[2]

---

[1] See Regine Busch, „Der Nachlaß von Rudolf Kolisch", *Internationale Schönberg-Gesellschaft. Mitteilungen*, 2 (1987): 7–9.
[2] See *50 Jahre danach, 1938–1988*. Österreichische Musikzeitschrift, 43 (April issue) 1988.

They are also closely connected by a network of teacher-student relationships (Zemlinsky: Schoenberg; Schoenberg: Berg, Kolisch, Pisk; Berg: Adorno) and friendships (especially Schoenberg with Zemlinsky, Kolisch, and Schnabel; Berg with Schoenberg, Kolisch, and Krasner; Kolisch with Adorno; Křenek with Schnabel and Webern).

The Berg exhibition pieces (Section B. I.) reflect the composer's friendship with two influential musicians and his concern for the performance of his intellectually and technically extremely demanding works. Schoenberg was similarly concerned about the ultimately correct text; the complexity of his compositions presented unparalleled difficulties to the publishers of his works (Section B. II. 1.). The selection of the Schoenberg material also shows the sharpness of his sense of humor. Both dedications and letters to Kolisch (whose sister Gertrud he had married in 1924) demonstrate the two artist's mutual appreciation (Section B. II. 2.), which extended into their life in the emigration (Schoenberg had fled to the United States in 1933, teaching first in Boston, then in California).

Kolisch had met Schoenberg through their collaboration in the "Verein für Musikalische Privataufführungen", founded in 1918 with Anton Webern, Alban Berg and Eduard Steuermann, and particularly devoted to the performance of contemporary music. When, after four years, the "Verein" disbanded, Kolisch founded the "Wiener Streichquartett" which in 1927 became the "Kolisch Quartett". With its players Rudolf Kolisch and Felix Khuner (violins), Jenö (Eugene) Lehner (viola), and Benar Heifetz (violoncello) it became world-famous. The Quartet – always performing from memory – not only mastered the entire classical repertory but also premiered many new works (by Schoenberg, Bartók, Berg, Webern, et al.). Kolisch's collaborative efforts were so intense that, for example, Berg called his "Lyrische Suite" also his "Koli'sche Ensuite". In 1939 the Kolisch Quartet relocated to the United States where it disbanded shortly thereafter; the new "Pro Arte Quartet" was founded in 1944. Kolisch taught at the University of Wisconsin, Madison, and later at the New England Conservatory, Boston (Section B. III.).[3]

The composer and conductor Zemlinsky, (whose sister Mathilde was Schoenberg's first wife) had devoted his energies to the promotion of Schoenberg's music (*Erwartung,* Catalogue no. 50) and taught at the Hochschule für Musik in Berlin; in 1933 he left for Vienna and, after the German occupation in 1938, for the United States. Exhausted from physical and emotional strain, his last years in New York City were spent in artistic isolation (Section B. IV., Catalogue no. 58–60). Theodor Wiesengrund Adorno (1903–1969), the eminent philosopher and sociologist, had been a highly self-critical student of Alban Berg's with a relatively small compositional output – op. 5 (Section B. IV., Catalogue no. 61) was written when he was thirty-eight. His greatest influence came from his philosophical and sociological writings about music (Section B. IV., Catalogue no. 62–64). He lived in exile from 1933, first in England and, from 1938, in the United States, working in Max Horkheimer's expatriated "Institut für Sozialforschung" and returning with it in 1949 to Frankfurt/Main.

---

[3] See Rudolf Kolisch. *Zur Theorie der Aufführung.* Musik-Konzepte 29/30. München: Verlag text + kritik, 1983.

Paul A. Pisk was born in Vienna; he studied composition with Schreker and Schoenberg, and musicology with Guido Adler. He was co-editor (with Paul Stefan) of the periodical *Musikblätter des Anbruch*. In 1925 he won the City of Vienna Prize for his String Quartet. In 1936 he left for the United States, where he has since composed and written, and taught composition and theory at various universities, in the end at Los Angeles. The worklist in the *New Grove Dictionary of Music and Musicians* (1980) presents only a small portion of his compositional oeuvre (Section B. V., Catalogue no. 65).

The composer and writer Ernst Křenek, another native Viennese, was a composition student of Franz Schreker and came in close contact with Ferruccio Busoni, Hermann Scherchen, and Eduard Erdmann. For a short time he was married to Anna Mahler. In the early 1930s, he developed a closer association with Berg and Webern. Labelled "Kulturbolschewist" (cultural Bolshevik) and his works – like those of his avant-garde colleagues – classified as "entartete Musik" (degenerate music), he left for the United States in 1938 and taught first in Boston, then in various universities in the West. Unlike many other emigrants, he resumed his contacts with Europe after the war (Section B. V., Catalogue no. 67–68).

The Austrian-born pianist Artur Schnabel (1882–1951) lived in Berlin from 1900 till 1933, concertizing as a soloist and chamber musician. He frequently took part in performances of contemporary works such as Schoenberg's *Pierrot Lunaire*. Křenek and Schoenberg were among his friends. At the Berlin Hochschule für Musik, where he taught from 1925, he was forced out of his position in 1933 – together with his colleague Zemlinsky. He first went to England, emigrated to the United States in 1939, but returned to Europe (Switzerland) after the war. Very few of his compositions were published (Section B. V., Catalogue no. 66).

Felix Wolfes (1892–1971), born in Hannover, studied composition with Max Reger (Leipzig) and Hans Pfitzner (Strasbourg). He held conductor positions in Germany and collaborated with Pfitzner (on the piano-vocal score of *Palestrina*) and Richard Strauss (on the piano-vocal scores of *Arabella* and *Die schweigsame Frau*), with the latter even after he had to leave the country in 1933. His first appointment in the United States was as assistant conductor at the Metropolitan Opera House in New York City. He later joined the faculty of the New England Conservatory in Boston (Section B. V., Catalogue no. 69–70).

A brief note regarding the apparent heterogenity of the materials exhibited is called for. The Moldenhauer Archives are particularly rich with respect to materials relating to the musicians in American exile, but they also contain numerous documents originating from those who had remained in Germany. There was a time at which side-by-side placement of the names in these display cases would not have been possible.[4] Now, however, it does not seem advisable to separate the names from one another for the purpose of this exhibition. As can be readily seen, there was as much common ground (Catalogue no. 70)

---

[4] In 1938, exactly fifty years ago, on the occasion of the "Reichsmusikfest" in Düsseldorf, the Nazi cultural administration organized an exhibition to brandmark the creation of a great number of musicians with the label "degenerate music". See Albrecht Dümling and Peter Girth, eds., *Entartete Musik. Eine kommentierte Rekonstruktion. Katalog*. Düsseldorf, 1988.

as there was uncompromising divisiveness, esthetic and political, depicting the realities of 20th-century musical life before, during, and after World War II.

The assistance of Reinhold Brinkmann, Vicki Denby, Rodney G. Dennis, Elizabeth A. Falsey, and Christoph Wolff in the preparation of this catalogue is gratefully acknowledged.

B. I.   ALBAN BERG

37   ALBAN BERG   *ill. p. 58*

Wandert ihr Wolken... Ferd. Avenarius op. XIII. n.1
A.MS. (unsigned); [Berghof, 1904]. 2f.(4p.). Unpublished.

Fair copy of an early song with few corrections. It may have been made to be shown, together with four other songs, to Schoenberg in the fall of 1904, who then accepted Berg as a composition student. The opus number refers to Berg's earlier numbering of his works. After his years with Schoenberg he began anew, calling the 1907–08 Piano Sonata his op. 1. Another copy of the same song is in the Österreichische Nationalbibliothek, Vienna (F 21 Berg 2).

MS Mus 116, acquired with the S.A.E. Morse and duplicate funds in 1965.

38   ALBAN BERG

Der Wein. Konzertarie
Leipzig and Vienna: Universal-Edition no. 9957 [1930]. Piano-vocal score.

Der Wein, for soprano and orchestra, was first published as piano-vocal score one year after it was written. This copy is inscribed by Berg to Rudolf Kolisch, June 1930. Included is a copy of an advertisement and review of the piece. To the critic's comment that Berg in this composition had shifted his direction towards "wirkliche Daseinsfreude und Diesseitigkeit" (real *joie de vivre* and worldliness), the composer remarks ironically: "das wußte ich gar nicht!!" (I didn't know that at all).

Rudolf Kolisch Papers, acquired in 1986.

Alban Berg. *Wandert ihr Wolken* f. 1ᵛ (Catalogue no. 37)

39 ALBAN BERG

Arnold Schönberg, Kammersymphonie op. 9. Thematische Analyse

Leipzig and Vienna: Universal-Edition no. 6140 [n.d.].

Berg who also wrote thematic analyses for Schoenberg's *Gurre-Lieder* and *Pelleas und Melisande* inscribed this exemplar to him "in großer Verehrung und Freundschaft".

Rudolf Kolisch Papers, acquired in 1986.

40 GEORG BÜCHNER   *ill. p. 114*

Wozzeck

Berlin-Charlottenburg: Axel Junker-Verlag, [1919] (Orplidbücher 29).

This edition bears Berg's ownership stamp on the front flyleaf and shows his extensive autograph revisions throughout. For the compositional work on the opera *Wozzeck* Berg used the 1913 *Insel* edition as his main copy. This 1919 edition is a reprint of the *Insel* edition and identical with it but omits the postscript. Berg intended this carefully revised copy to be a preliminary draft of a libretto for the opera (see Peter Petersen. *Alban Berg, Wozzeck.* Musik-Konzepte, Sonderband. München: Verlag text + kritik, 1985).

Louis Krasner Deposit, 1977.

41 ALBAN BERG   *ill. p. 60*

1 T.L.s. and 2 A.L.s. to Louis Krasner; Auen am Wörthersee, Austria, 16, 21, and 27 July 1935. 1s.(2p.), 1s.(2p.) & 2s.(4p.).

"Dear Mr. Krasner, yesterday I concluded the *composition* of the Violin Concerto. I am perhaps more astonished by it than you will be. I was, as it happened, more industrious than ever before in my life, and therefore I enjoyed the work more and more [...]" (16 July). Berg makes this happy announcement to the violinist Louis Krasner, who had commissioned the Violin Concerto, and invites him to the "Waldhaus" after the composition is finished and orchestration under way (the second part before the first), so "[...] that the two of us can establish the *violin part* definitely – that is, if possible, for all time [...]" (27 July).

Louis Krasner Deposit, 1977.

16.7.35

Lieber Herr Krasner, ich habe gestern
die Komposition des Violinkonzerts
beendet. Ich bin darüber noch mehr
erstaunt als Sie es vielleicht sein werden. Ich
war allerdings so fleißig, wie noch nie in meinem
Leben und dazu kam, daß mir die Arbeit immer mehr
Freude machte. Ich hoffe, ja ich glaube es zuversichtsichtlich, daß mir dieses Werk gelungen ist. .
Hören Sie also bitte, wie ich mir den weiteren
Vorgang vorstelle. Ich möchte jetzt den II.Theil
des Konzerts (Allegro - Adagio) vorerst instrumentieren. Wenn ich damit fertig bin (was hoffentlich
Anfangs August der Fall sein wird),möchte ich Sie
womöglich zu mir bitten, damit wir die Geigenstimme
durchschauen. Dann könnte ich Ihnen auch den II.
Theil mitgeben (sei es in Partitur oder Partizell)
damit Sie ihn genau kennen lernen können und mir
nach einiger Zeit etwaige Vorschläge für die Geigenstimme machen können. Indessen schreibe ich die Partitur des I.Theils (Andante-Allegretto), so daß
Sie, wenn alles gut geht, die Partitur des ganzen
Konzerts noch vor Ihrer Abreise nach USA in Empfang nehmen können; das heißt also vor meiner
Fahrt nach Karlsbad Ende August: Was Ihnen,
scheint mir,angenehm wäre. Durch diesen Vorgang
ersparen wir erstens die Kopie des Partizells,

Alban Berg. Letter to Louis Krasner (Catalogue no. 41)

42 ALBAN BERG

A.L.s. to the Wiener Streichquartett; [n.p.], 3 September 1926. 1s.(1p.).

The Vienna String Quartet, later renamed the Kolisch Quartet, played the first performance of the *Lyrische Suite* in Vienna, 8 January 1927. Together with a questionnaire (which is now at the Library of Congress, Washington) Berg wrote this slightly worried note concerning the "Ausführbarkeit" (playableness) of certain passages.

Rudolf Kolisch Papers, acquired in 1986.

43 ALBAN BERG   *ill. p. 116*

A.L.s. to Rudolf Kolisch; Vienna, 7 March 1935. 3s.(6p.).

After Berg's works were banned from performance in Germany, his financial situation forced him in 1934 to sell the manuscript score of *Wozzeck*. One year later, he writes this letter to Kolisch: "Perhaps in your world-wide travels you can find a rich eccentric who would like to own the manuscript of the score of the 'Lyric Suite' [...] the score of the Wine Aria – MS – is also for sale [...] that would last me probably until Autumn, and I could compose the Violin Concerto at ease in the *Waldhaus* – am Wörthersee, where Brahms's Violin Concerto took shape, 57 years ago". He is under great time pressure with the Concerto and with *Lulu*, "[...] but perhaps I shall find 2 or 3 weeks to compose a short movement for you in between the first and second movements of opus 3 – a quarter century later, 1910/11–1935/36 [...]." This last plan could not be realized any more.

Rudolf Kolisch Papers, acquired in 1986.

B. II. 1.   ARNOLD SCHOENBERG AS EDITOR

44 ARNOLD SCHOENBERG   *ill. p. 62*

Verklärte Nacht. Transfigured Night, based on a poem by Richard Dehmel. Arranged for String Orchestra by the composer. Arnold Schoenberg, op.4. Revised Version, 1943
[New York: Associated Music Publishers, 1943]. Ozolid proofs with A.MS. corrections and revisions (remarks in English).

Verklärte Nacht was originally composed as a string sextet in 1899. The first arrangement for string orchestra was published in Vienna in 1917. This 1943 edition made changes, especially in the reduction of

Arnold Schoenberg. *Verklärte Nacht*, p. 1 (Catalogue no. 44)

the previously extensive dynamic markings. In this copy, Schoenberg marked the corrections carefully in several colors. "The gentleman who proofread this score found it necessary to cross out so many of the #, ♭ and ♮ which I wrote on my original score. I do not agree with him. Will you accordingly disregard all these corrections and leave it as it is in my score."

Rudolf Kolisch Papers, acquired in 1986.

45.1   ARNOLD SCHOENBERG

String Trio op. 45

[Long Island City, N.Y.: Boelke-Bomart, 1950]. Pasted-up green proofs.

The trio, commissioned in 1946 by the Harvard Music Department and performed there by the Walden String Quartet on the occasion of a Symposium on Music Criticism, 3–5 May 1947, was not published until 1950. Kolisch, who had been very instrumental in the proofreading process, performed it in 1949 from the green proofs with his corrections. Adorno heard the piece in 1948, probably performed by the Walden Quartet (see his letter to Kolisch, Catalogue no. 63.2).

Rudolf Kolisch Papers, acquired in 1986.

45.2   ARNOLD SCHOENBERG

A.L.s. to A. Tillman Merritt; Los Angeles, 24 September 1946. 1s.(1p.). In English.

The composer reports the completion of the String Trio to Merritt, then Chairman of the Music Department at Harvard. He is concerned about the performance of certain passages: "I would like to know which ensemble will make this performance, because there are a few places which are too difficult for the ordinary chambermusician [sic]. I will later probably write some 'OSSIA's' for those measures – or I might consider rewriting it as a string quintet."

Department of Music, Harvard University.

45.3   ARNOLD SCHOENBERG

2 T.L.s. to Rudolf Kolisch; Los Angeles, 30 September 1946 and 17 February 1950. 1s.(1p.) & 1s.(1p.). In German.

Having finished the composition of the String Trio op. 45, Schoenberg asks Kolisch to review the piece for possible technical obstacles (30 Sep. 1946), for: "Ein Streichtrio, in English, is generally a string quartet minus a second violin, mine is a string sextet minus a string trio" (17 Feb. 1950).

Rudolf Kolisch Papers, acquired in 1986.

Arnold Schoenberg. *Rosen aus dem Süden* (Strauss), f. 1ʳ (Catalogue no. 48)

46   ARNOLD SCHOENBERG

Gurre-Lieder

A.MS.s. (ozolid copy). Leipzig and Vienna: Universal-Edition, 1912. Full score.

Gurre-Lieder were written in 1900, 1901–03, and 1910–11. This copy of the autographed first edition, heavily marked-up by Schoenberg and others, might have been used in connection with the Vienna performance under Franz Schreker, 23 Feb. 1913. For this occasion a reduced score was arranged by Joseph Polnauer, Paul Koeninger, and Alban Berg. Schoenberg's markings appear in red pencil. The changes in this score are also reflected in the engraved 1920 edition.

Louis Krasner Deposit, 1977.

47   ARNOLD SCHOENBERG

Sonett No. 217 von Petrarca. Aus der Serenade op. 24

Copenhagen: Hansen, 1924. Proofs of piano-vocal score.

Corrections probably made by the publisher Hansen (signed "A. H."), 30 and 31 Oct. 1923, and partly also by Schoenberg who marked his changes – including the one in the title – in red ink. This 4th movement of the *Serenade* is one of the first 12-tone compositions, completed in the spring of 1923.

Rudolf Kolisch Papers, acquired in 1986.

B. II. 2.   ARNOLD SCHOENBERG

48   ARNOLD SCHOENBERG   *ill. p. 64*

Rosen aus dem Süden. Walzer von Johann Strauß op. 388 für Kammerorchester gesetzt von Arnold Schönberg Mai 1921

A.MS.s.; [Vienna], 17 May 1921. Full score.

Arranged for 2 violins, viola, violoncello, harmonium, and piano. A conducting score in ink with numerous corrections and markings in various colors; indication of harmonium stops. Gray paper wrappers with pictures of Mozart, Haydn, Beethoven, and Schubert in each corner. – On May 27, 1921 the Verein für Musikalische Privataufführungen, Vienna, gave a fundraising evening with four waltzes by Johann

Strauß in arrangements by Webern (*Schatz-Walzer*), Berg (*Wein, Weib und Gesang*), and Schoenberg (*Rosen aus dem Süden* and *Lagunen-Walzer*). The performers were Eduard Steuermann, piano; Alban Berg, harmonium; Rudolf Kolisch, Arnold Schoenberg, and Karl Rankl, violins; Othmar Steinbauer, viola; and Anton Webern, violoncello. The manuscript scores were auctioned off after the concert.

fMS Mus 129, acquired with the S. A. E. Morse Fund in 1967.

49 ARNOLD SCHOENBERG [?]   *ill. p. 67*

Ich kuise an dem Walde

A.MS. (unsigned); [n.p., n.d.]. 1s.(2p.). Unpublished.

Song after a Middle High German poem by Rudolf von Fenis, 12th century (*Minnesangs Frühling*, 82, 26). The piece is unknown and not mentioned in any Schoenberg worklist. The handwriting of the text underlay strongly suggests that the piece – despite its retrospective compositional style – originated from Schoenberg's later years (ca. 1933 or thereafter).

Rudolf Kolisch Papers, acquired in 1986.

50 ARNOLD SCHOENBERG

Erwartung. Monodram op. 17

Vienna: Universal-Edition, 1916. Full score.

The first performance of this work took place in Prague, 6 June 1924, eight years after the publication and fifteen years after it was written. On this longed-for occasion Schoenberg dedicated a copy of the score to Kolisch: "In recollection of the expectation and in expectation of the recollection of much lovely music-making." With it are the signatures of the librettist Marie Pappenheim-Frischauf, of the conductor Alexander von Zemlinsky ("I no longer know anything, but today it was very nice"), as well as of the director Louis Laber, who also provided a sketch of the stage set.

Rudolf Kolisch Papers, acquired in 1986.

Arnold Schoenberg. *Ich kuise an dem Walde*, recto (Catalogue no. 49)

51   ARNOLD SCHOENBERG

ill. p. 120

Quintett für Flöte, Oboe, Klarinette, Horn und Fagott op. 26

a) Vienna: Universal-Edition no. 7668 [ca. 1925]. Full miniature score.

Composed in 1923–24, the quintet was published very soon after. This copy carries Schoenberg's inscription, referring to the home-made binding: "Dear Rudi, it would be an easy thing to assemble a long verbalizing series, reducing the plain printed words: volume [Band], binding [Ein-band], band [Bund] etc. to a single common denominator. But one day, the best symbols will become common knowledge – no matter how hard one tries to make it difficult. And to what purpose?! Therefore it makes better sense for me to say simply that I would like the completion of the volume to make you just as happy as it makes me. If it makes you happier, there is no harm done. If it makes you less, then you still have a well-bound book which, one hopes, won't last [hält] longer than its contents [Inhalt]."

b) Vienna: Universal-Edition no. 7670, 1925. Arrangement for piano four-hands (by Felix Greissle).

With Schoenberg's inscription to Kolisch, Christmas 1925: "Everything I have forgotten is here! I recommend this kind of notebook! However, I have forgotten everything in it: in fact one composes in order to be forgotten".

Rudolf Kolisch Papers, acquired in 1986.

52   ARNOLD AND GERTRUD SCHOENBERG

A.L.s. to Rudolf Kolisch; Berlin-Charlottenburg, 21 January 1926. 1s.(1p.).

In 1925, Schoenberg had accepted a professorship for composition at the Akademie der Künste in Berlin as the successor to Ferruccio Busoni. Here the couple tell their brother and brother-in-law of their first impressions: "Here on the left Trude will do her writing, and over there on the right side, meanwhile, I shall record the way things really are [...] We like Berlin better than we would have hoped. It is still, or rather again, as it was [...]" They report of the first performances they attended (*Wozzeck* by Berg, *Brautwahl* by Busoni, *Gesellschaft* by Galsworthy, and an American movie) and of people they met (Franz Schreker, Artur Schnabel, Bruno Walter).

Rudolf Kolisch Papers, acquired in 1986.

53 ARNOLD AND GERTRUD SCHOENBERG

A.L.s. to Rudolf Kolisch; [Berlin], 7 March 1926. 1s.(2p.).

Schoenberg reports: "[...] I have started a Quartet. I think it will be variations, all short pieces with each one a variation of the first. Not a long work. I hope it will happen and I hope it will happen soon. Beyond that I have written a little article about 'Mechanical Musical Instruments' for *Pult und Taktstock* and began a Passacaglia for orchestra [...]" The quartet project is possibly preserved in a group of sketches from 1926, published in vol. 21B of the Schoenberg Gesamtausgabe. This letter also confirms a recent redating of the *Passacaglia* (formerly thought to be written in 1920), which was based on stylistic and historical evidence only [see Ethan Haimo, "Redating Schoenberg's Passacaglia for Orchestra", *Journal of the American Musicological Society* 40/3 (1987): 471–94].

Rudolf Kolisch Papers, acquired in 1986.

B. III. RUDOLF KOLISCH AND HIS QUARTET

54 RUDOLF KOLISCH *ill. p. 70*

Probenjournal des Streichquartetts

A.MS. rehearsal diaries for the Wiener Streichquartett; [v.p.], 1922–1927. 2 vols.: 80f.(139p.) & 93f.(51p.).

Carefully recorded were rehearsal date, time, piece and special annotations (regarding specific musical or technical problems, people at rehearsals, etc.). From September 20th to 27th, 1922, Berg was present at rehearsals of his Quartet op.3. On October 2nd, after fifteen hours of rehearsal, the quartet concluded studying this work. Schoenberg attended rehearsals for his Third Quartet op. 30 on June 8th and 10th, 1927. – With the diaries are two leaflets advertising the repertoire of the Vienna String Quartet (later the Kolisch Quartet); the ensemble emphasized that they had studied many works with the participation of the composer.

Rudolf Kolisch Papers, acquired in 1986.

2.X.	19		16	11—12 3/4		
				11—12	Berg 2. Satz	

Berg A; 2: *pococit frühe einleiten*; 9: *Temperaturanblung*.
34. *Molto rit., nicht gleich langsameres Tempo*;
50: *Sechzehntel breit*; 72: *trem. "wogend"*; 91: *rasch ettigern*
111: *subito ritenuto*; 119: *nicht schleppend*;
169; *Vla deutlich artikulieren*; 171: *"schleppend"*;
177: *Oberstimme put Noten*; 185: *Vla mit lassen*;
211: *breit bleiben* — 223: *trem. gewr. (mitten am Steg) col legno*

Tempo I. *langsamer*; 10; *akkordisch*. — 14: *Vla auch pp*;
45: *Also Zeit lassen*; 54: *pizz voller*; 61: *molto rit, pit einleiten*
62: *langsam ruhiger*; 179: *Vla Zeit lassen*.

Berg studium beendet; cca 15 Std.

16 Ensemble — , 3 Einzelproben

| 3.X. | 20 | III, IV | | 5ʰ—6ʰ | Reger, op 77b | |

Scherzo: ☐ ! ; 2 1/2 *abtrennen*;
1. *Satz*: *Thema zweitaktig*; *Interpunktionen* !!
4. *Satz*: *Vla-Begleitung zu kurz*. —
2. *Satz*: *nicht schleppen* !!

4.X.	21		17	2 1/2 —1/25	Berg	dsp
				2 1/2 — 3	Webern	dsp
				3 — 3 1/4	Pfitzner	
				3 1/4 — 4 1/2		

3. *Satz*: **Schönberg** *stud. Anfang gedeht, ...*

Rudolf Kolisch. Probenjournal [1], ff. 12ᵛ and 13ʳ (Catalogue no. 54)

55 ALBAN BERG

Streichquartett op. 3

Berlin: Schlesinger, and Vienna: Haslinger, 1920. Paste-ups of the miniature score.

The work, written in 1910, was first performed from manuscript parts in 1911 by a dilettante quartet. After the publication the printed version was used by Kolisch's quartet, see the "Probenjournal". All scores were carefully marked by Rudolf Kolisch. As usual the quartet rehearsed from pasted-up scores and performed in concert from memory.

Rudolf Kolisch Papers, acquired in 1986.

56 MAX REGER   *ill. p. 124*

Violinkonzert op. 101

MS; [Vienna, ca. 1922]. 1 vol.: 89f.(177p.). Full score.

In an unidentified writer's hand with numerous corrections and revisions by Rudolf Kolisch and others. For a short section (measures 134–243) the solo violin part is written in red ink. The concerto, in an arrangement typical for Schoenberg's "Verein für Musikalische Privataufführungen" (few winds, piano, harmonium, and strings) was certainly envisaged for performance before the "Verein" disbanded for lack of funds in 1922. It is possible that Kolisch performed this arrangement at a later time.

Rudolf Kolisch Papers, acquired in 1986.

57 RUDOLF KOLISCH

3 T.L. (unsigned carbon copies) to Arnold Schoenberg; Madison, Wisc., 25 February 1945, 11 February 1947, and 28 February 1950. 1s.(2p.), 1s.(1p.), & 1s.(1p.). No. 1 and 2 in English, no. 3 in German.

In 1944 Kolisch took a position at the University of Wisconsin's School of Music in Madison. These letters reflect the progress of his work devoted to the cause of chamber music and especially to the promotion of 20th-century works. "I threw myself into this work with a kind of frenzy and it took every drop of energy out of me. The situation I found here at my arrival was by no means encouraging [...] I had to start giving concerts almost immediately and they had to be up to my standards [...] I had not only to prepare these works technically but also to convince them [the players] of the music, that means make them like it so that they could perform them convincingly [...] The concerts [...] went fairly well [...] but my enthusiasm is broken [...]" (25 Feb. 1945). Two years later, Kolisch wrote: "I want to inform you of a very encouraging trend I noticed in our last concerts of contemporary music in Pittsburgh, New York

Alexander von Zemlinsky. *Der Tag wird kühl*, f. 1ᵛ (Catalogue no. 58)

and St. Paul. These audiences are growing in quantity and quality and are definitely the only audiences in this country to be taken seriously, namely who eagerly try to establish a real contact with the music. Especially the experience in New York was most pleasant. The handful of people we found there two years ago has grown into an audience of 700 enthusiastic listeners and for the first time in this country I saw radiant faces of young people in concert halls I had forgotten existed" (11 Feb. 1947). In the 1950 series, almost all of Schoenberg's chamber music was performed and found a large audience: "The audience is different from that of our regular concerts; the 'music-lovers' are not there. But it is much more enthusiastic [...]" (23 Feb. 1950).

Rudolf Kolisch Papers, acquired in 1986.

B. IV. ALEXANDER VON ZEMLINSKY AND THEODOR W. ADORNO

58   ALEXANDER VON ZEMLINSKY
ill. p. 72

Der Tag wird kühl... Paul Heyse. Lied für eine hohe Singstimme

A.MS.s.; [Vienna], June 1897. 2f.(4p.). Unpublished.

Inscribed to "Meiner Mela zum Abschied". Melanie Guttmann, Zemlinsky's early love, emigrated to the United States before 1900 (possibly this song was a farewell present), married and became Melanie Guttmann-Rice. (Her sister Ida became Zemlinsky's first wife in 1906). For more than twenty-five years she was the recipient of picture postcards and letters (now in the Moldenhauer Archives at Harvard), written in Vienna, Prague, and Rottach-Egern, and signed by Arnold and Gertrud Schoenberg, Alexander, Ida, and Louise Zemlinsky, Eduard Steuermann, Rudolf Serkin, Richard Strauss, et al.

Hans Moldenhauer Archives at Harvard, acquired in 1986.

59   ALEXANDER VON ZEMLINSKY

Streichquartett (Suite) no.4, op.25

MS. (by copyist)s.; [Vienna, ca. 1936]. 4 parts: 7f.(13p.), 6f.(12p.), 7f.(13p.) & 6f.(12p.).

A.MS. corrections and revisions, including the entire 1st violin part of the 1st movement, *Präludium*. The quartet, a "Lyric Suite" in six movements, was first performed in 1967, twenty-five years after the composer's death, and published only much later (Universal-Edition, ca. 1974).

Hans Moldenhauer Archives at Harvard, acquired in 1986.

60 ALEXANDER VON ZEMLINSKY

A.L.s. to Alban Berg; [Prague?, ca. 1923]. 1s.(2p.). Fragment.

Zemlinsky acknowledges the receipt of the *Wozzeck* piano-vocal score and inquires about his invitation to Venice (probably the ISCM Festival Venice – Prague 1925). The left half of the letter is torn off; the verso appears to be a list of important personalities (Erich Kleiber, Fritz Busch, Otto Klemperer, Paul Bekker, Oskar Kokoschka, et al.), in the hand of Alma Maria Mahler-Werfel. As a close friend of the Bergs she was instrumental in raising the necessary money for the private printing and distribution of the *Wozzeck* vocal score in 1923, and this is possibly a "target" list.

Hans Moldenhauer Archives at Harvard, acquired in 1986.

61 THEODOR W. ADORNO

Klage. Sechs Gedichte von Georg Trakl für Singstimme und Klavier op. 5.
A.MS.s. (ozolid copy); [Los Angeles], 1941. 10f.(20p.).

This copy carries an autograph inscription to Kolisch "mit treuer Metronomisierung (with sincere metronoming). Los Angeles, Mai 1942. Teddi." *Klage*, written in 1938–41, was published posthumously in 1980 (Munich, text + kritik).

Rudolf Kolisch Papers, acquired in 1986.

62 THEODOR W. ADORNO

Alban Berg
TS. essay with A.MS. corrections and revisions; Frankfurt, 1955/56. 14s.(14p.).

First draft of the essay with several layers of corrections resulting in the final text as published in *Klangfiguren*, Berlin and Frankfurt/M., 1959. Inscribed in January 1956 to Kolisch.

Rudolf Kolisch Papers, acquired in 1986.

63.1 THEODOR W. ADORNO

Zur Philosophie der neuen Musik

TS. essay (carbon copy, unsigned) with A.MS. corrections and revisions; [Los Angeles, 1941]. 92f.(title page & 91p.).

This copy carries the A.MS. note "Property of the Institute of Social Research Columbia University New York" on the title page. An identical copy was also sent to Thomas Mann during his work on *Doktor Faustus*. Mann recalls in his *Die Entstehung des Doktor Faustus* (1949): "I encountered an artistic and sociological contextual critique, extremely advanced, refined and deep, which possessed the most peculiar affinity to the idea of my work, to 'Composition' [...] The manuscript was essentially concerned with Schoenberg, his school, and twelve-tone technique. Without leaving any doubt concerning the author's complete understanding of Schoenberg's towering significance, the essay nevertheless carries out an acute and deeply penetrating critique of his system [...] The discussion of serial composition and the critique presented in the form of a dialogue which appear in the 22nd chapter of *Faustus* are based entirely on Adorno's analysis."

Rudolf Kolisch papers, acquired in 1986.

63.2 THEODOR W. ADORNO   *ill. p. 76*

T.L.s. to Rudolf Kolisch; Los Angeles, 19 June 1948. 1s.(2p.). In German.

Announces the publication of his *Philosophie der neuen Musik* (Tübingen, 1949), a revised and enlarged version of the earlier essay (Catalogue no. 63.1): "You may remember that seven years ago I wrote an essay 'Toward the Philosophy of the New Music', essentially about Schoenberg, very dialectical – you read it at the time. In response to a visit from Leibowitz whom I very much liked I took it up again and determined, since I favor extremes when I am engaged, to add a second section on Stravinsky (whom I had thoroughly studied), and that made necessary a long introduction. When I was finished, it had become a book [...] I think it is the best thing I have written on this subject; I have taken infinite pains with it; most of it was rewritten three times. I left out the parts that were really damaging to Schoenberg; however the critique of him was not softened. The part concerning Stravinsky is essentially negative [...]". "Here [Los Angeles] it is the Wind Quintet [Schoenberg op. 26] that has most impressed me, while in listening to the String Trio [op. 45] I felt a little disappointed – sign of a lessening of strength, a little bit as if it had been composed measure by measure."

Rudolf Kolisch Papers, acquired in 1986.

Los Angeles,19. Juni 1948

Mein lieber Rudi,

tausend Dank für Deinen Brief. Nein, es ist nichts Alarmierendes – nur,
dass die "Universität" in La Habra die Gehälter nicht bezahlen konnte;dass
ich deshalb aufhörte, meine beiden unattraktiven Schülerinnen zu unterrichten, und dass ich gern, in Los Angeles oder der Umgegend, etwas dazuver-
dienen möchte. Meine Position am Institut und meine Arbeit mit Max ist davon
nicht im geringsten tangiert. Aber es ist ein wahres Glück, dass Josie nicht
nach La Habra ging – das wäre nicht nur eine schwere Enttäuschung geworden,
sondern hätte ausserdem auch noch finanzielle Opfer bedeutet,da die Schule
ihren Lehrern nicht einmal Reisenkosten usw.bezahlte.

Es ist schrecklich lieb von Dir,und Hanns Gerth,so superlativisch über mich zu
schreiben. Wann etwa kam denn die Anfrage der Teachers Agency?Sie schlugen
mir übrigens Kreneks Job in St.Pauls vor;aber ich möchte ja nicht weg,und
ausserdem muss es,nach seinen Erzählungen,grauslich sein.

Das wichtigste, was von mir zu berichten ist, betrifft den Abschluss meines
neuen Buches. Du wirst Dich erinnern, dass ich vor 7 Jahren eine Abhandlung
"Zur Philosophie der neuen Musik" schrieb,wesentlich über Schönberg, sehr
dialektisch – Du hast das damals gelesen. Im Zusammenhang mit einem Besuch
von Leibowitz,der mir sehr gut gefiel,nahm ich das wieder xx vor und ent-
schloss mich, den Extremen zuliebe die me touchent, einen zweiten Teil über
Strawinsky (den ich sehr studierte)hinzuzufügen,und dann ergab sich die Notwendigkeit einer grossen theoretischen Einleitung. Als es fertig war, war es
also ein Buch,etwa vom Umfang des Kierkegaard;und zu meinem grössten Staunen
hat mein alter deutscher Verleger J.C.B.Mohr in Tübingen es, ehe nur das
Reinschriftmanuskript vorliegt (es wird gerade abgeschrieben),angenommen,
sodass, wenn nicht die französische Militärbehörde etwas dagegen hat, mit
baldigem Erscheinen zu rechnen ist. Ich denke,es ist das beste,was ich zu
diesen Dingen geschrieben habe;ich habe unendlich viel Mühe und Sorgfalt
darauf verwandt, das meiste dreimal ganz umgeschrieben. Die wirklichen kränkenden Stellen über Schönberg habe ich herausgenommen;die Kritik an ihm aber
blieb ungemildert. Der Teil über Strawinsky ist wesentlich negativ. Die beiden
Teile heissen:Schönberg und der Fortschritt – Strawinsky und die Restauration.

Max ist seit April in Europa,wir erwarten ihn im August zurück,natürlich höchst
gespannt. Unser Buch "Dialektik der Aufklärung"das Du mimeographiert hast,ist
jetzt im Druck erschienen. – Das Filmbuch scheint ganz erfolgreich;soll kurz
deutsch erscheinen;doch hatten wir von Hanns erst einen Brief. – Wegen des
grossen Aphorismenbuches,das mir äusserst am Herzen liegt,schweben noch die
Verhandlungen und ebenso wegen der Berkeley-Kollektivarbeit.Aber es wird bald
so einiges vorliegen.

Dass Ihr nicht kommt,ist eine schwere Enttäuschung;wir alle hatten fest
damit gerechnet. Zu denken,dass das Rothquartett fest hier ist (Liesl und
ich hörten das am Dienstag,Debussy und Ravelquartett,eine ganz dünne,ganz
süsse Torte,grauslich)! Ich war so fest überzeugt dass wir wieder einen Sommer
zusammen hätten – gerade in den nächsten sechs Wochen bin ich ziemlich frei.
Und auch Dein Hausbau erfüllt mich mit gemischten Gefühlen – vor allem,weil
das Dich doch sehr an Madison binden wird,aber auch,weil ich mir vorstellen
kann,mit welcher Last an Aerger und drückenden (und bei der gegenwärtigen
Bausituation disproportionalen)finanziellen Verpflichtungen das verbunden ist.
Wir haben bis jetzt allen derartigen Versuchungen widerstanden,obwohl wir
wieder einmal aufs ernsteste mit eviction bedroht sind,durch ein schäbiges
Manöver. – Ich wünsche Dir von ganzem Herzen, dass aus dem Bauen doch wenigstens einiger Lustgewinn herausschaut.

Theodor W. Adorno. Letter to Rudolf Kolisch (Catalogue no. 63.2)

64   THEODOR W. ADORNO

A.L.s. to Rudolf Kolisch; Los Angeles, 11 June 1948. 1s.(2p.). In German.

Discusses questions of tempo in the slow movement of Beethoven's Sonata "Appassionata": "Your question: for the slow movement you give the metronome mark ♩ = 50, almost as slow as in the Schnabel edition (♪ = 96). I think it should be much faster, ♩ = 72, first, to de-Schnabel (entschnabeln) the tempo but also because otherwise the second variation (in sixteenth notes) drags unbearably. And to take *different* tempi in the movement is not possible because of its meter and its brevity. But surely you had important reasons for your marking – let me know them. The movement is called Andante *con moto*. Write to me soon [...]".

Rudolf Kolisch Papers, acquired in 1986.

B. V.   PAUL A. PISK, ARTUR SCHNABEL, ERNST KŘENEK, AND FELIX WOLFES

65   PAUL A. PISK

Sänge eines fahrenden Spielmanns op. 6

A.MS. (unsigned); [Vienna ?], 27 May – 2 December 1919. 19f.(33p.).

Fair copy with few corrections and revisions. The text is based on poems from the *Buch der Sagen und Sänge* by Stefan George. Most songs are dated, their sequence in the published version (Universal-Edition, 1922), however, does not reflect the order in which the composition took place.

Hans Moldenhauer Archives at Harvard, acquired in 1986.

66   ARTUR SCHNABEL

Streichquartett no. 3

A.MS. (unsigned); Rindsbach, August 1922. 22f.(43p). Score.

Fair copy in pencil with markings of tempo and expression in red ink. In the early 1920's, Schnabel devoted his Summer holidays to composition and the rest of the year to playing and teaching. This work

Ernst Křenek. Sketches for the *6th String Quartet*, f. 2ʳ (Catalogue no. 67)

was written at the villa of his Berlin friends, the von Mendelssohns, in Rindsbach and first performed in Berlin in 1931. It was published posthumously (New York: Boosey & Hawkes, 1961).

Rudolf Kolisch Papers, acquired in 1986.

67 ERNST KŘENEK
ill. p. 78

Skizzen zum 6. Streichquartett (1936) op. 78

A.MS.s.; Vienna, 4 March – 23 October 1936. 12f.(21p.) and 2s.(1p. & 2p.).

Preceding sixteen pages of the composition proper are four pages filled with precompositional work (row charts, etc.). On f.2r, dated March 4th, 1936, Křenek outlined the central thought: "Idea for string quartet: 12 sections, 4 quadrants in each of which one form of the row dominates. Correspondences. Sense of the quadrants in respect to shape and expression?" Inscribed by the composer to Willi Reich, Vienna, Christmas 1936. The work was published in 1937 (Vienna: Universal-Edition).

Presented by Hans Moldenhauer in 1986.

68 ERNST KŘENEK

Ansprache zur Enthüllung der Gedenktafel für Anton Webern in Mittersill, 5. August 1965

A.MS.s.; [Tujunga, California, 1965]. 4s.(4p.).

Fair copy with subsequent revisions. Twenty years after Webern's death a commemoration took place with the unveiling of a memorial tablet, made by the artist Anna Mahler (daughter of Gustav and Alma-Maria Mahler). Křenek delivered the address: "[...] The working of wheels within wheels that he set into motion did not end with his sudden death. He did not live to see that a new generation of composers would make his musical thought into the chief musical principle throughout the world [...] After only twenty years, which this man, senselessly taken, could easily have spent with us, the seeds that he planted have grown to an unimagined harvest [...]". The address was first published as "Anton Weberns magisches Quadrat", *Forum* (Vienna), 12 (1965): 395–96.

Presented by Hans Moldenhauer in 1986.

69 FELIX WOLFES

Verfall (Georg Trakl)

A.MS.s.; Boston and New York, 8 September – 21 November 1953. ff. 24v – 28r from an A.MS. notebook.

During his life in Germany and in American exile Wolfes composed over two hundred *Lieder*, all on German poetic texts drawn from the classical repertoire. These songs – written into smallish notebooks, each containing the composing scores of six to eight pieces – were often heavily revised. This *Lied* is the seventh one from the 1952/53 notebook. Most of his songs, including *Verfall*, appeared recently in an edition of *Selected Lieder for Voice and Piano* (Bryn Mawr: Theodore Presser).

Presented by Angelika Forsberg in 1979.

70 FELIX WOLFES AND RICHARD STRAUSS   *ill. p. 81*

Fragebogen XVI for "Die Schweigsame Frau" op. 80

A.MS. (unsigned); [Monte Carlo and Garmisch, 1935]. 1s.(1p.).

Having prepared the piano-vocal score of the opera, Wolfes set up an elaborate system of communication with the composer for the proofreading process. On eighty sheets he placed hundreds of questions which Strauss then answered in the right hand column, sometimes humorously. E.g., to a question concerning a "d" instead of a "d♭" he answered: "leave 'd♭' so that another alert conductor may have the pleasure of grumbling." On "Fragebogen VI" he joked: "in general our colleagues don't correct at all this carefully! Among them, however, there are a couple of 'ear athletes' (Ohrensportler)".

Presented by Angelika Forsberg in 1979.

Literature: Günther Weiß, „Richard Strauss und Felix Wolfes, eine unbekannte Facette im Leben von Richard Strauss um ‚Arabella' und ‚Schweigsame Frau'", *Jahrbuch der Bayerischen Staatsoper*, 1988/89 (Munich 1988): 77 ff.

Felix Wolfes/Richard Strauss, Fragebogen XVI (Catalogue no. 70)

ÜBERSETZUNGEN
TRANSLATIONS

A. BAYERISCHE STAATSBIBLIOTHEK – ACQUISITIONS FROM THE COLLECTION OF HANS MOLDENHAUER

A.I. BAVARICA

As the largest library in the Federal Republic of Germany, the Bavarian State Library realizes the important role it plays in providing national literature. This function is made all the more vital by the lack of a German National Library. Moreover, the Bavarian State Library has to consider its function as an acquisitional and archival institution for collecting the Bavarian cultural heritage in manuscript form. Thus, for instance, the Bavarian State Library is greatly interested in acquiring and preserving the estates of composers, particularly estates relating to composers who were born or active in Bavaria, and have become known beyond local boundaries. Once it has not succeeded in preventing the dispersal of an estate – the worst thing a composer could wish for the artistic and scholarly appreciation of his work –, the Bavarian State Library aims at acquiring at least single items and partial estates from private sources, antiquarian book-sellers, and at auctions, in order to make them accessible for research and performance.

1 RICHARD STRAUSS *ill. p. 20*

Einleitung und Walzer Rosencavalier I. und II. Akt für großes Orchester zum Concertgebrauch neu bearbeitet
First Waltzes from Der Rosenkavalier for Orchestra o. Op. AV 139

A.MS.s.; 1945. 32 p. Fair copy of score.
Mus.ms. 17497 (with portrait photo of Strauss in 1937. Ana 330, I, Ceschi).

This autograph copy is dated at the end "Baden, Verenahof 18 Dezember 1945". Richard Strauss, son of a horn player in the Munich Court orchestra and later professor at the Music Academy in Munich, was born in 1864 in the Bavarian capital city, where he grew up and received a complete musical education. In his parallel activities as a composer and conductor, Strauss was associated twice with the Munich State Opera (from 1886 to 1889 and from 1894 to 1898). In 1908 he settled in Garmisch, at the foot of the Alps, where he died in 1949. This potpourri of waltzes from the first and second acts of *Rosenkavalier* was assembled by Strauss himself in the fall of 1944 as a replacement for an arrangement of 1912 by Otto Singer which was not to Strauss' liking.

Acquired 1986. Also acquired from the Moldenhauer collection:
Albumblatt for piano AV 171 in autograph fair copy of 1882, the original version of the first of the five *Stimmungsbilder* for piano Op. 9 (*Auf stillem Waldespfad*; Mus.ms. 17496).

Literature: Roswitha Schlötterer, *Richard Strauss und sein Münchner Kreis*, in: *Jugendstil-Musik? Münchner Musikleben 1890–1918*. Wiesbaden, 1987 (Bayerische Staatsbibliothek. Ausstellungskataloge 40), 13–24.

2 RICHARD STRAUSS *ill. p. 22*

Memorandum über Wesen und Bedeutung der Oper und ihre Zukunft
Memorandum on the Nature and Significance of Opera and its Future

A.MS.s.; Garmisch, 28 May 1945. Title-p. & 7p.
Ana 330, II, 5

Shaken by the news of the destruction of the Vienna Opera House towards the end of the war, Richard Strauss set down his "artistic testament" in a type-written letter to Karl Böhm on 27 May 1945. A second, altered version is seen in this manuscript "memorandum", written the following day. According to Strauss, the development of opera houses in Germany had not kept pace with the development of opera within the last 150 years, with the single exception of Bayreuth. The management of the larger opera houses was succumbing to business matters in a detrimental way, in spite of government subvention. Thus, Strauss hailed the reconstruction of the destroyed opera houses as a chance to reform: to build two opera houses in the larger cities according to the example of the Grande Opéra and Opéra Comique in Paris. He called further for regular performances of the most important operas in exemplary performances of highest quality in the larger opera houses, as a kind of "opera museum". The smaller houses would then have the challenge of offering serious works with smaller orchestra and *Spielopern*, as well as serving as an experimental stage for new works. Strauss planned out proposed repertoires in detail for both types of opera houses. For Berlin and Vienna, Strauss proposed a third opera house as a *Volksoper*, with inexpensive seats and a mixed repertory including difficult new works.

Acquired in 1986.

Literature: *The artistic testament of Richard Strauss.* Translated and with an introduction by Alfred Mann; in: *The Musical Quarterly* 36 (1950), 1–8.

3 MAX REGER TO ERNST WENDEL *ill. p. 87*

A.L.s.; Meiningen, 10 June 1912.
Ana 441, III, Reger, Max (with portrait photo of Reger, Ana 441, IV, Reger; previously Moldenhauer Collection)

During the years 1911–1915, Max Reger served as *Hofkapellmeister* and General Director of Music in Meiningen. These years of practical experience conducting a famous orchestra proved to be fruitful and decisive for Max Reger the composer of orchestral works. Thus, Reger wrote in the summer of 1912 his op. 123 and op. 125, which received their first performances in Frankfurt under Wilhelm Mengelberg on 8 October 1912 and in Dresden under Ernst von Schuch on 11 October 1912, respectively. In this letter of 10 June, Reger offers the two works to Ernst Wendel, the conductor of the Bremen Philharmonic, for performance: "On *30 October* [1912] my op. 123 Concerto in Old Style and my op. 125 A Romantic Suite

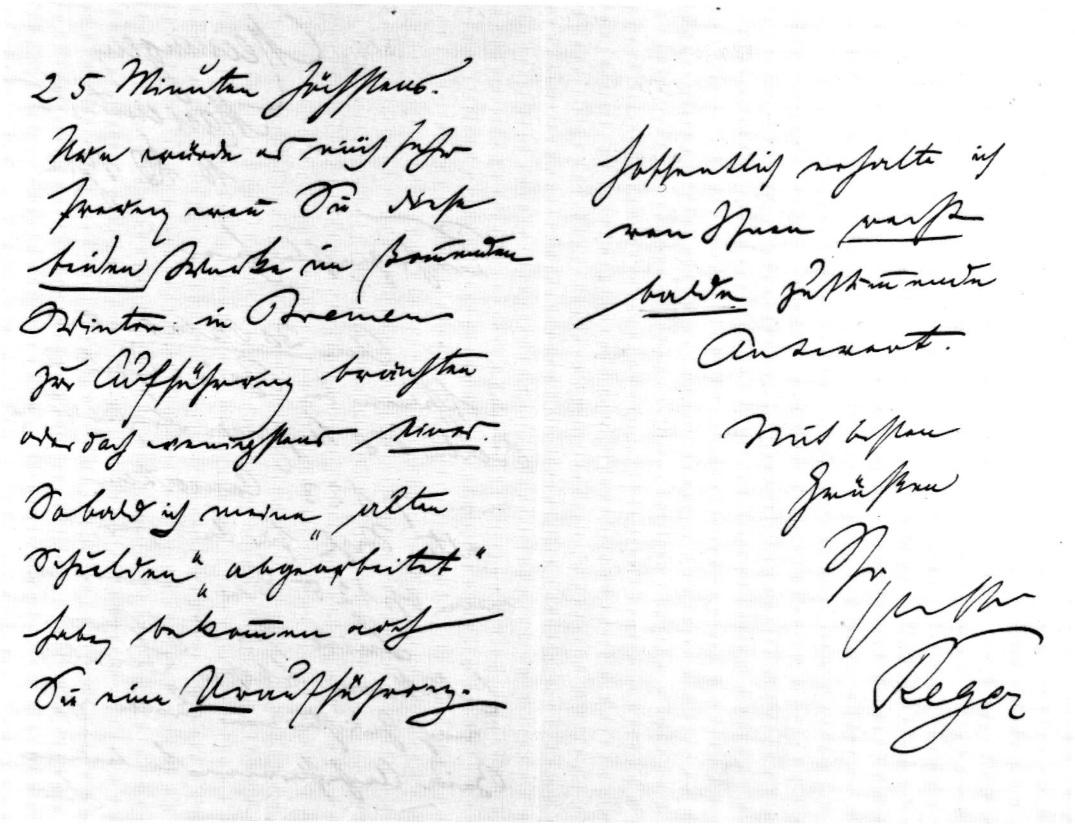
25 Minuten Zuhörens.
Nun würde es mich sehr freuen, wenn Sie diese beiden Werke im kommenden Winter in Bremen zur Aufführung brächten oder doch wenigstens eines. Sobald ich meine „alten Schulden" abgearbeitet habe, bekommen auch Sie eine Uraufführung.

Hoffentlich erhalte ich von Ihnen recht baldige zustimmende Antwort.

Mit besten Grüßen
Ihr
[illegible]
Reger

Max Reger. Brief an Ernst Wendel, S. 2–3 (Katalog Nr. 3)

for Orchestra (Notturno, Scherzo, Finale) on texts of Eichendorff will be released by Bote and Bock in Berlin W8, Leipziger Straße no. 37. *Each* of the orchestral works lasts 25 minutes at the most. I would be most happy if you were to perform *both* works – or at least *one* of them – this coming winter in Bremen. As soon as I have released myself from my previous commitments, I will see to it that you also get a *first* performance [...]"

Acquired in 1986.

4   MAX REGER   *ill. p. 89*

Präludium und Fuge für die Violine allein [...] op. 117 N° 6
Preludes and Fugues, Chaconne for Violin Solo op. 117, no. 6

A.MS.s.; 1912. 8p.
Mus.ms. 13234

Printer's copy for the edition by Bote and Bock, Berlin; emendations and additions made by publisher's proof-reader, including, among other things, the date of the engraving: 5 August 1912. With such works Max Reger expressed his deep veneration of Johann Sebastian Bach, turning to a type of composition which had been totally neglected since the mid 18th century – works for unaccompanied string instrument. Reger was born in Brand bei Kemnath in Oberpfalz (Bavaria) in 1873, and grew up in Weiden, Oberpfalz. In 1901 he settled in Munich, dedicating himself during the ensuing years primarily to composition. During the 1905–1906 academic year he taught composition and organ at the Music Academy. Reger's years in Munich were so plagued with conflict with the representatives of the "Munich School", headed by Ludwig Thuille, that he eventually turned his back on that city, moving to Leipzig in 1907 to teach composition at the Conservatory.

Acquired in 1979.

Literature: Susanne Shigihara, *Max Reger und München. Eine unglückliche Liebe*, in: *Jugendstil-Musik?* (see no. 1), 25–39.

5   CARL ORFF   *ill. p. 24*

Sketches for Oedipus der Tyrann

A.MS. (unsigned); 1959, 2p.
Mus.ms. 17494

Sketches in pencil and red ink for measures 248ff. and 263–265 of the printed score. Carl Orff, composer of *Carmina Burana* (1937) and creator of the Orff Method, was born in Munich in 1895, where he

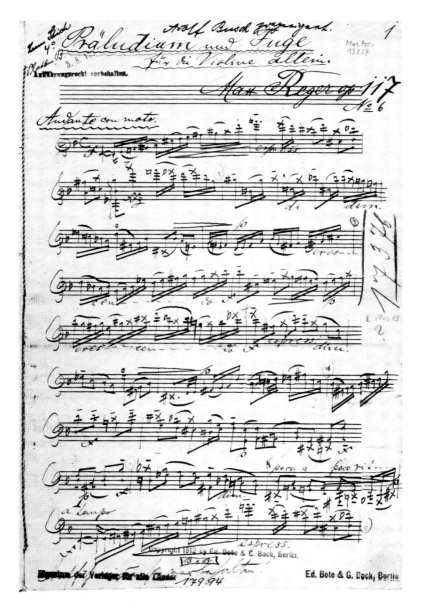

Max Reger. *Präludium und Fuge* op. 117/6, S. 1 (Katalog Nr. 4)

remained almost without interruption for his entire life (he died in Diessen am Ammersee in 1982). He received his formal musical education from the Music Academy in Munich, where he studied from 1912 to 1914, followed in 1921/22 by studies with Heinrich Kaminski. From 1950 to 1960 Orff led masterclasses in composition at the Munich Hochschule für Musik. Of all the South German composers of world renown, Carl Orff was without a doubt the most "Bavarian". This is most apparent in his own texts for stage works which rely on the old Bavarian dialect with linguistic creativeness. Furthermore, he reverted to forms of the Bavarian sacred theater of the Baroque. Like the pioneers of opera of the early 17th century, Orff had become more and more fascinated from the 1940's on with the long lost marriage of language, music, and movement of the ancient Greeks, and thus turned to setting ancient Greek tragedies in an attempt to recreate this unity of expression by modern means (*Antigonae* and *Oedipus der Tyrann* of Sophocles in Friedrich Hölderlin's translation, and *Prometheus* of Aeschylus in the original language).

Acquired in 1986.

6   CARL ORFF TO HANS MOLDENHAUER   *ill. p. 26*

T.L.s. with A.MS. addition; Diessen am Ammersee/St. Georgen, 12 April 1959.
Ana 441, I, Orff, Carl (with portrait photo of Orff by Ingeborg Sello, before 1955, Ana 441, IV, Orff, Carl; formerly Moldenhauer Collection)

On 23 March 1959 Carl Orff completed the autograph score of his *Oedipus der Tyrann*, the second of his three settings of ancient dramas (*Antigonae* was completed in 1949, and *Prometheus* in 1967). Just three weeks later he wrote to Moldenhauer: "[...] Under separate cover I am sending you a page of sketches for my new, as yet unpublished work 'Oedipus' [compare Catalogue no. 5]. The work was premiered on 12 December in Stuttgart along with *Antigonae, Trionfi, Mond, Kluge*, etc., as part of an Orff-Week. Perhaps a collection of recordings would be interesting for your exhibition. My complete works have been recorded, as has the *Schulwerk*, first and second parts in English. Moreover, a film about me personally has been made [...] as well as a film about the *Schulwerk* in a Canadian version [...]".

Acquired in 1986.

7   WERNER EGK   *ill. p. 91*

Skizzen „Irische Legende"
Sketches to "Irische Legende"

A.MS.s.; [ca. 1955] 15p. Score.
Mus.ms. 13223 (with portrait photo of Egk, 1954. Ana 410)

Beginning of the opera in its original version. This pencil-written manuscript is particularly valuable considering Egk's reluctance to keep copies of anything but the final version of his own works. Thus this

Werner Egk. Skizzen zur *Irischen Legende*, S. 8 (Katalog Nr. 7)

"memento" for Dr. Hans Moldenhauer represents a rare example of Egk's compositional process. Werner Egk, born in 1901 in Auchsesheim (today a part of Donauwörth in Schwaben), grew up in Augsburg. He was primarily self-taught as a composer. From the 1920's on he lived in Munich and its environs, later moving to Inning am Ammersee, where he died in 1983. Egk, who was also known as a conductor, can be considered to be one of the most significant German composers of Carl Orff's generation. He is best known for his stage works, such as his operas and ballets. The opera *Irische Legende* was first performed at the Salzburg Festival in 1955.

Acquired in 1979 to complete the estate of Egk's compositions in the Bavarian State Libraray.

8   ADOLF HARTMANN

ill. p. 28

Karl Amadeus Hartmann

Charcoal drawing; Berlin, 1961. 47 x 40 cm.
Portr. E, Hartmann, Karl Amadeus

Karl Amadeus Hartmann came from an artistically gifted family. His father, Friedrich Richard Hartmann, was a painter, as was his brother Adolf (1900–1971), who became a professor of art at the Munich Academy in 1948. "Very early on it became clear to me that art and music were as important to one another as word and gesture." Thus wrote Karl Amadeus Hartmann, who, under the influence of his elder brother, vacillated from art to music in his youth. His great love of art and friendship with artists found expression in the graphics for the programs and posters of the Musica Viva concerts in Munich. Among the artists who contributed to these projects were Joan Miró, HAP Grieshaber, Werner Gilles, Ewald Mataré, Giacomo Manzù, and the Munich set painter Helmut Jürgens. In 1980 Hans-Wilhelm Kulenkampff wrote in his *Monolog an den Freund*: "You know where it comes from, Karl. This sculpted, tangible quality that your music has – these sketches, edges, blocks, these complexly winding, ensnared figures – it is because you are half a man of the eye and half a man of the hand. It is in your family. For you the visual arts are directly dovetailed with music."

Acquired in 1986.

Literature: Karl Amadeus Hartmann, *Autobiographische Skizze*, in: *Kleine Schriften*, Mainz, 1965, 9. – Hans-Wilhelm Kulenkampff, *Monolog an den Freund*, in: *Karl Amadeus Hartmann und die Musica Viva*, Mainz, etc. 1980 (Bayerische Staatsbibliothek. Ausstellungskataloge 21), 23 ff.

9 KARL AMADEUS HARTMANN

Streichquartett „Carillon"
String Quartet *Carillon*

A.MS.s.; 1934. 24p. Score.
Mus.ms. 13044

Hartmann was born in Munich in 1905, and died in that same city in 1963. He received his formal musical training at the Academy of Music in Munich (1924–1932), where he studied composition for three and a half years with Joseph Haas. Hartmann was not able to please his teacher, however, and eventually left the Academy without having graduated. He then found his "true" teacher in the great conductor Hermann Scherchen (1891–1966), and in the early 1940's he also received instruction from Anton von Webern. After the Second World War Hartmann founded Musica Viva in Munich, a concert series which broke new ground in the demand for new music in Germany after the end of the Hitler dictatorship, and which was copied in many other countries. Although Hartmann is known primarily as the great German symphonist of the 20th century, he approached the composition of all kinds of chamber works and pieces for solo instruments in the spirit of experimentation. His first significant success was the first string quartet. Hartmann dedicated this work to Scherchen and entered it in a composition competition in Geneva where the jury (Ernest Ansermet, Henri Gagnebin, Gian Francesco Malipiero, and Albert Roussel) awarded it the first prize.

Acquired in 1979. The Moldenhauer Collection has proved to be a virtual storehouse of materials related to Karl Amadeus Hartmann.

10 KARL AMADEUS HARTMANN

ill. p. 30

Last Movement of the Symphonic Suite "Vita Nova"

A.MS. (unsigned); 1943. 37p. Score.
Mus.ms. 17517

It was thought that the work *Vita nova*, the third part of the symphonic triptych *Symphoniae dramaticae* (1941–1943) had been lost. Surprisingly, a fragment of an autograph fair copy containing the finale of *Vita nova* was discovered during the cataloguing of the Moldenhauer Collection for the Bavarian State Library in 1986. Finding these pages lead to another equally interesting discovery: Hartmann's *Second Symphony* – his famous *Adagio* – arose from a reworking of the slow movement of the *Vita nova* suite, with numerous folios of the autograph fair copy of the suite having been included in the earliest autograph manuscript of the *Second Symphony*.

Acquired in 1986.

11   KARL HÖLLER

Erste Bleistift-Niederschrift der Sweelinck-Variationen für Orchester op. 56 „Mein junges Leben hat ein End'"
The earliest manuscript (in pencil) of the Sweelinck-Variationen for orchestra op. 56 „Mein junges Leben hat ein End'"

A.MS.s.; 1950. 32p. Particel draft.
Mus.ms. 13228 (with photograph from: Ursula Stürzbecher, *Werkstattgespräche mit Komponisten.* Cologne, 1971)

This manuscript supplements the fair copy score of the work based on Sweelinck's *Mein junges Leben hat ein End'*, acquired by the Bavarian State Library from another source. Höller, born in Bamberg (Oberfranken/Bavaria) in 1907 as the son of the royal Music Director and Cathedral Organist of that city, died in Fischbachau-Faistenau/Bayrischzell in 1987. He studied at the State Conservatory in Würzburg and the Academy of Music in Munich, where he was the favorite student of Joseph Haas. As early as 1933 he started teaching at the Munich Academy. In 1937 Höller went to the Hochschule für Musik in Frankfurt am Main, where he was promoted to the post of professor in 1942. In 1949 he was called to succeed his teacher Haas at the Hochschule für Musik in Munich, of which he served as president from 1954–1972. In 1957 Helmut Wirth wrote of Höller: "Höller's music displays great technical skill. It is tonal in nature without being bound to any inherited compositional method. Notable is the predominance of instrumental music, his vocal works taking a second place only in quantity. Approaching the composition of larger symphonic works by way of smaller forms and chamber music, Höller showed himself [...] to be a master of orchestral possibilities and contrapuntal art." (Helmuth Wirth, in *Die Musik in Geschichte und Gegenwart* 6, 1957, 519).

Acquired in 1979.

12   HARALD GENZMER

Concerto for Violin and Orchestra

A.MS. (unsigned) of the 2nd and 3rd movements; 1959. 16 p. Particel draft.
Mus.ms. 13224 (with photograph of Genzmer by Inge Ofenstein; 1986)

Genzmer (born in Blumenthal near Bremen in 1909) studied at the Musikhochschule in Berlin from 1928–1934, studying, among other things, composition with Paul Hindemith. Afterwards, he served as rehearsal assistant at the Breslau Opera, and from 1938 he taught harmony at the Volksmusikschule in Berlin-Neukölln. His military service from 1940 on mainly consisted in hospital concerts and other performances to entertain the troops. In 1946 he was called to a professorship at the Musikhochschule in Freiburg im Breisgau, and from 1957 to 1974 he was active at the Musikhochschule in Munich. The years of study with Hindemith were to have a lasting effect on Genzmer's output, which included works of all musical genres except opera. Many of his works were intended for amateur and student musicians.

Genzmer is certainly the leading figure of all of Paul Hindemith's German students, and one of the most frequently performed contemporary German composers.

Acquired in 1980 along with the particel draft of *Prolog für Orchester* of the same year, also in the Moldenhauer Collection.

Literature: *Komponisten in Bayern. Dokumente musikalischen Schaffens im 20. Jahrhundert. 1. Harald Genzmer.* Tutzing 1983.

A. II. EMIGRANT COMPOSERS FROM GERMANY AND AUSTRIA

Of the many composers who, as a result of their background or "degenerate" artistic views were forced to emigrate, even those who had established themselves as successful composers found it difficult to gain a strong foothold in a new environment. Only those who had achieved a certain international recognition by the time they turned their backs on the German *Reich* were in a position to accomplish this quickly and lastingly. A prime example was Paul Hindemith. Less renowned composers, however, had a terribly difficult time pursuing their artistic interests in foreign surroundings. Because contemporary serious music from the 1920's on was so bound to regional and national circles that it shared not even the most general stylistic traits with the music of other countries (and certainly the publishers involved played a role in this), being driven from their homeland often meant total artistic isolation for those composers who were not in the international limelight. Thus these composers often wrote for themselves, as it were, without finding further support or interest on the part of the public.

It is very fitting today that German libraries are attempting to rectify the unjustness to which those emigrant composers were subjected as a result of being isolated from their homeland by caring for the remaining musical materials. The two following estates, those of Otto Jokl and Wolfgang Fraenkel, were acquired in 1986.

A. II. 1. OTTO JOKL

13   OTTO JOKL

Photograph; ca. 1930

Ana 497

Jokl was born in Vienna in 1891. He studied music at the Vienna Conservatory with Hermann Grädener, later also with Alban Berg (1926–1930). Afterwards, Jokl was active as a music pedagogue in Vienna. In

1934 he won the prestigious Emil-Hertzka-Prize of Vienna for his *Suite for Orchestra*. It was during this time that Jokl became one of Berg's most important assistants. The further development of Jokl's great talent was thwarted after the take-over by the National Socialists, for during this time everything and everyone associated with Schoenberg and his circle was virtually shunned by the German musical scene. The annexation of Austria to the German *Reich* consigned the composer to silence, not least because he was of Jewish extraction. Thus, Jokl emigrated in 1940 to New York, where he died in 1963. (Overview of works, see p. 34 ff.)

14   OTTO JOKL TO PAUL F. SANDERS

A.L.s.; Vienna [September 1931]. With sheet containing parts of reviews of Jokl's *Piano Sonatina* op. 21
Ana 497

Jokl's *Piano Sonatina* op. 21 (dedicated to his teacher Alban Berg) received its first performance on 25 July 1931 at the Oxford International Music Festival. At the urging of the pianist Alice Jacob-Loewenson, Jokl wrote to the Amsterdam composer and music critic Sanders, asking him if he could submit his *Piano Sonatina* for performance at the 1933 Music Festival of the International Society for New Music (IGNM) in Amsterdam. Enclosed were quotations of reviews of the work taken from German, English and French newspapers. The composer of the "irreproachably crafted" sonatina "in the style of Schoenberg's middle period" was praised for his fine sense of sonority and warmth of feeling, his inventiveness, thoroughly personal language, and favorably succinct form showing significant talent and laudable intentions.

15   OTTO JOKL   *ill. p. 97*

Heitere Suite op. 24. Sextett für Altsaxophon, Trompete, Posaune, Violine und Schlagzeug
Heitere Suite op. 24. Sextet for Alto Saxophone, Trumpet, Trombone, Violin, and Percussion

A.MS.s. and ozolid copy signed; [ca. 1930]. 51 & 19p. Score.
Mus.ms. Jokl II/1 (temporary call number)

Model for the production by rental material of Universal-Edition in Vienna; corresponding stamp on envelope and title page. The envelope also carries the dedication: "Dedicated with unending gratitude to Alban Berg, my most revered teacher and inspiration for this composition." Jokl had announced the work at the 62nd German Music Festival of the *Allgemeiner Deutscher Musikverein* in Zurich in June 1932. As is always the case with newer music, the critics reacted according to their own personal biases: "A witty work full of caustic irony and technically well conceived, the 'Heitere Suite' by the Alban Berg student Otto Jokl rather astounded the matinee's conservative audience, though it was admittedly given a none-too-successful performance." (Hans Heinrich Stuckenschmidt in: *Melos* 11, 1932, 235). "If only

Otto Jokl. *Heitere Suite* op. 24, S. 1 (Katalog Nr. 15)

that which is meant to be a parody or ironic in this staid piece had even the slightest hint of wit. But Jokl's points' stem from the banality of the most everyday things, and a coffeehouse band could improvise more spiritedly than this overly intellectual student of Alban Berg" (Fritz Gysi in: *Zeitschrift für Musik* 99, 1932, 591).

16 OTTO JOKL

Streichquartett op. 25
Analysis of the String Quartet op. 25

A.MS. (unsigned). 2p.
Ana 497

Roughly organized, with occasional suggestions for interpretation, certainly intended to accompany the performance materials. In fact, there is a handwritten copy of this text accompanying the ozolid copy of the score contained in the section of compositions in the estate. The quartet, for which Jokl won recognition at the Emil-Hertzka Competition in Vienna in 1933, received its first performance in the Austrian capital on 9 May 1934 by the Galimir Quartet.

17 OTTO JOKL

Longing for Home, Piece for Ob[oe] & Str[in]g Orchestra

A.MS.s.; 1946. 26p. First version, in pencil, of score.
Mus.ms. Jokl LV/2 (temporary call number)

An example of the sort of compromises of their own artistic standards made by emigrant composers in order to keep their heads above water. This composition, in a rather dignified popular style, was the Berg student's contribution to a competition for a work scored for oboe and string orchestra sponsored by the Coleman-Ross Press in New York on 1 September 1946. Here it was not a question of drawing on things that Jokl had once learned from his teacher, rather he had to renounce his past. Thus he wrote here, as in similar situations, under the pseudonym "Anth[ony] G[arden]".

18 OTTO JOKL

Fourth String Quintet

A.MS. (unsigned); 1961. 39p. Score, fragment of a pencil draft.
Mus.ms. Jokl II/6 (temporary call number)

The composer at "serious" work on a composition of his late period. Signature marks of the Schoenberg school: Brooding over the fundamental tone rows, whose strict treatment is marked in black and colored pencils. Also the obligatory clarification of the signs for main and secondary themes (p.26, circled text) as established by Schoenberg and adopted by his followers.

A. II. 2. WOLFGANG FRAENKEL

19   WOLFGANG FRAENKEL

Photograph; ca. 1975 in: Program of a chamber music concert of 16 June 1980 (see no.23, Literature)

Fraenkel was born in Berlin in 1897. He studied both privately and at the Klindworth-Schwarwenka Conservatory in that city, studying violin, viola, piano, theory, and conducting. After graduation, he studied law at the University of Berlin until 1923, interrupting his studies during the First World War to serve in the military. Until 1933, when Hitler came to power, Fraenkel served as a judge in Berlin. In 1938 Fraenkel was taken to the Sachsenhausen concentration camp, from which he gained release early in 1939. In March of that year he emigrated to China, where he was active in both Shanghai and Nanking as a musician and conservatory professor. In 1947 he moved to Los Angeles. There he was able to earn his living primarily through private musical instruction and by accepting commissions for film and television music. The Berg student Hans Erich Apostel wrote in a recommendation for the Universal Edition Press, Vienna in 1947, that Fraenkel was destined to play a leading role, comparable to Schoenberg and Berg, on the international music scene. Just how much Apostel was speaking from his own inner convictions has yet to be determined. The prizes which Fraenkel received for some of the compositions written after his settling in America are not to be overlooked, however: Busoni Prize Bozen in 1947 for his *Piano Varia-tions*; Queen Elizabeth Prize in Lüttich, Belgium in 1962 for the *Second String Quartet*; Scala Prize in Milan in 1965 for his *Symphonic Aphorisms*. Fraenkel died in Los Angeles in 1983. (Overview of works, see p.39 ff.)

20   WOLFGANG FRAENKEL *ill. p. 42*

Motette. Musik für vier- bis achtstimmigen Chor a cappella
Motet. Music for 4–8 voice choir a capella

A.MS.s.; 1931. 19p. Fair copy of score.
Mus.ms. Fraenkel XXXI/1 (temporary call number)

A work composed in 1930 to the lapidary text: No. 1. Live now as you will want to have lived when you are dying. No. 2. For life is short. No. 3. Therefore: Live now as you will want to have lived when you are dying.

21 WOLFGANG FRAENKEL

Afunktionelle Musik. Versuch einer systematischen Darstellung

TS.essay (carbon copy)with A.MS. corrections and additions: Foreword dated Berlin, 1938. 317p. (originally 274).
Ana 496

In the 1930's, Fraenkel grappled thoroughly with the New Music. These reflections resulted in an extensive discourse, at whose center is a presentation of the "twelve-tone technique". Because of its subject, it was not possible for this manuscript to see publication within the German *Reich* in the late 1930's, ready as it was for print. Moreover, the author became completely unpublishable when he was taken to a concentration camp the very same year the treatise was completed. Thus Fraenkel took the manuscript with him when he emigrated to China, where, as can be seen from the extensive additions and revisions, he worked on it often in hopes of getting it published. Fraenkel even succeeded in making up to 78 pages of a fair copy of the final version. It would certainly be of value to study this treatise on the New Music of the Second Viennese School by an author who, writing in the 1930's, did not come from the same educational background and tradition as its founders.

22 ARTIST CLUB SHANGHAI

Program of a Concert at the Shanghai Jewish Club on 15 June [1944]
Ana 496

Fraenkel also performed in this *Liederabend*, playing Beethoven's *Romanze* in F Major op. 50 and the *Ballade and Polonaise* op. 38 of Vieuxtemps. On the back of the program are Fraenkel's notes for corrections of the manuscript of his study *Afunktionelle Musik*.

23 WOLFGANG FRAENKEL

Drei Orchesterlieder
Three Songs On Texts of Chinese Poets for Alto and Orchestra

A.MS.s. (fair copy); 1941. 62p. Score.
Mus.ms. Fraenkel XVIII/1 (temporary call number).

Evidence of Fraenkel's stay in China. The composer allied himself completely with the twelve-tone composers whose technique of composition had interested him since his years in Berlin. All three songs are based on a common tone row, the treatment of which is explained at the end of the manuscript.

During his stay in San Francisco, Fraenkel was closely associated with the Father of Dodecaphony, Arnold Schoenberg. He dedicated his string quartet of 1949 to Schoenberg on the occasion of his 75th birthday, at which time he also led the first performance of Schoenberg's *Ode to Napoleon Buonaparte* in its original version for string quartet. In 1957, Fraenkel composed a set of variations for piano on a theme by Schoenberg.

Literature: Program of the chamber music concert "Music from the Moldenhauer Archives" on 16 June 1980 in Spokane, Washington, USA. (Bavarian State Library, correspondence of Dr. Hans Moldenhauer.)

24   WOLFGANG FRAENKEL

Thematische Analyse von Hindemith, Op. 37, Nº 4
Analysis of Paul Hindemith's Klavierstück op. 37/4.

A.MS. (unsigned). 6p.
Ana 496

Fraenkel's estate contains a number of analyses of keyboard works by Bach, Beethoven, Schubert, Chopin, Brahms, Reger, and Hindemith. They were most likely used in connection with Fraenkel's activity as a teacher at the Conservatory in Shanghai, although this manuscript was clearly written in the USA, as the paper used displays the watermark of an American company. Thus the work was probably used as an aid in private instruction.

25   WOLFGANG FRAENKEL

Symphonische Aphorismen
Symphonic Aphorisms for Orchestra

A.MS.s.; 1959. 51p. Fair copy of score.
Mus.ms. Fraenkel VIII/1 (temporary call number)

With this work Fraenkel won the First Prize of the international composition competition sponsored by La Scala in Milan in 1965. In 1966 Bruno Maderna conducted the premiere of the work in Milan.

A. III. ALBAN BERG AND HIS CIRCLE

Alban Berg (born 1885, died 1935 in Vienna) belongs, along with his teacher Arnold Schoenberg and his fellow student Anton von Webern, to the founders of the so-called Second Viennese School – a school which, by means of rigorous use of atonality and twelve-tone technique (dodecaphony), profoundly revolutionized European composition. Berg attended Schoenberg's composition courses from 1904–1910. He played a key role in the history of 20th century music primarily with his two operas: *Wozzeck* (after the fragment of a drama by Georg Büchner, premiered in 1925), and *Lulu* (after dramas by Frank Wedekind, left unfinished and first performed posthumously in 1937). The estate of the composer was presented by his widow to the Austrian National Library. The Bavarian State Library took advantage of the unique opportunity to secure from the Moldenhauer collection for scholarly use a considerable collection of original materials dealing with Alban Berg's life and work (acquired in 1986).

26   HILDEGARD JONE

ill. p. 44

Alban Berg

Oil painting, signed; [n.d.]. 27,5 x 27,5 cm.
Ana 500, E, 10

Hardly ever had he met a man who so resembled his own name – thus wrote the sociologist and Berg student Theodor W. Adorno in 1968 in his book on Berg ("mountain" in German). "[...] his face was a 'mountain face' in two senses. Not only did he have the facial characteristics common to the native inhabitants of the Alps, but his nobly curved nose, gentle, fine mouth, and cavernous, puzzling eyes like mountain pools reminded one of a mountainous landscape." The painter and poetess Hildegard Jone (1891–1963) and her husband the sculptor Josef Humplik (who fashioned a bust of Berg in 1928) were close friends of Berg's friend Anton von Webern from 1926 on. After 1934, Webern wrote a number of songs and cantatas to texts by Hildegard Jone. Berg also valued her as a poetess, as he expressed in a letter of 26 November 1932 (Ana 500, B, Jone, Hildegard; formerly Moldenhauer Collection), thanking her for the "magnificent poems" sent to him in the journal *Brenner*. The Festschrift *Arnold Schoenberg zum 60. Geburtstag*, published in 1934 by Universal-Edition in Vienna, opens with a contribution by Hildegard Jone, following a poem of Schoenberg's.

Literature: Theodor W. Adorno, *Berg, Der Meister des kleinsten Übergangs*, Vienna, 1968, 22. – Anton Webern, *Briefe an Hildegard Jone und Josef Humplik*. Hrsg. von Josef Polnauer. Vienna, 1959.

27   ALBAN BERG

Sieben frühe Lieder (1907)
Seven Early Songs (1907)

Collection containing A.MS. scores, MS. copies, and a mimeographed copy with A.MS. annotations pasted into the score. 29p. Piano-vocal score.
Mus.ms. 17485

All pieces show numerous additions and revisions in the hand of the composer. The collection clearly served as the model for the copy upon which the print (Universal-Edition, Vienna, ca. 1928) was based. The printer's copy is among the papers of Alban Berg's estate now in the Music Collection of the Austrian National Library (F 21 Berg 10).

Literature: *Katalog der Musikhandschriften, Schriften und Studien Alban Bergs im Fond Alban Berg und der weiteren handschriftlichen Quellen im Besitz der Österreichischen Nationalbibliothek.* Vienna, 1980 (Alban Berg Studien 1), 47f.

28 ALBAN BERG

ill. p. 47

Ein Orchesterlied (Op. 4 N° 5) [...] (für Klavier, Harmonium, Geige u. Violoncell arrangiert
Orchestral Song (Op. 4 No. 5) arranged for Piano, Harmonium, Violin, and Violoncello
A.MS.s.; 1917. 6, 3, 3, 4p. Score and parts for violin, violoncello, and harmonium.
Mus.ms. 17487

Bound with the first editions of the Piano Sonata op. 1 and the Lieder op. 2, this arrangement is dedicated to Gustav Mahler's wife Alma, his daughter Anna (also known as "Gucki"), and their two quartet members. Later Berg also dedicated his opera *Wozzeck* to Gustav Mahler's widow, with whom he shared a close friendship. Much to the satisfaction of historians of dodecaphonic music, Berg had already employed this strictly twelve tone theme in a work composed in 1912. The theme is also written out so that it may be played in octaves by the pianist's right hand.

Literature: Hans F. Redlich, *Alban Berg*, Vienna, etc., 1957, 85f.
Facsimile edition: Vienna: Universal-Edition, in preparation (Publication of the Bavaria – Harvard Committee for 20th-Century Music History).

29 ALBAN BERG

Wozzeck op. 7

Vienna: Private Press, no. A B 4 [1922]. First edition of piano-vocal score with A.MS. annotations.
Mus.ms. 17465

Impressum changed in pencil to Universal-Edition Wien – N.Y. Numerous annotations in the hands of Berg and Otto Jokl (see the section: Emigrant Composers from Germany and Austria). The piano reduction score was completed by Berg's student Fritz Heinrich Klein. In 1922 Berg called for a subscription series for the edition, a project which received energetic support from Alma Mahler (see Catalogue no. 60).

30   ALBAN BERG

Praktische Anweisungen zur Einstudierung des „Wozzeck"
Practical Suggestions for the Rehearsal of "Wozzeck"

TS. (carbon copy) with A.MS. and MS. corrections and revisions; [1930]. 6p.
Ana 500, A, 2

Berg's suggestions for the rehearsal of his opera *Wozzeck* ("Musical Matters", "Staging and Direction")
were clearly meant to be issued originally with the edition, as can be gleaned from directions written to a
copyist. They were first published posthumously in 1937 in Willi Reich's biography *Alban Berg* (Vienna,
1937, 166–172).

31   ALBAN BERG TO FRITZ STIEDRY

A.L.s.; [n.p.] 28 May 1932.
Ana 500, B, Stiedry, Fritz

On 20 March 1927 in Berlin, Hermann Scherchen directed the first performance of Berg's *Kammerkonzert* for piano, violin, and thirteen winds. The work had been completed in 1925 after two years of work,
and was dedicated to Arnold Schoenberg as "a small memorial to twenty years of friendship" (open letter
of 9 February 1925 in *Pult und Taktstock*, 2, 1925, pp. 23–28). Five years later, Fritz Stiedry performed the
work again in Berlin on 20 May 1932. Berg wrote to the conductor: "My dear, honored Doctor, I send
you my heartfelt appreciation for what you have done for *me* and *my music* with your performance of the
Kammerkonzert. I have read a couple dozen reviews, and have received reports in the form of letters and
by word of mouth from what I consider to be many *very* reliable accounts, such as the one by [the pianist
Eduard] Steuermann, that I can truly say today, without having heard a single note – unfortunately!! –
that the performance was a *total* success. And that means something! It is not only *my* most problematic
work, but most likely one of the most difficult works for chamber orchestra altogether. Don't you agree,
my dear Doctor? [...]".

32   BERG AND CONTEMPORARY MUSICAL LIFE

Folio scrap book with pasted-in newspaper clippings and annotations by Berg. 29 October 1927–16 January 1928.
Ana 500, A 15

The newspaper clippings, with a few exceptions, deal with events in the musical life of the time, such as a
concert of Anton Bruckner's music given by the Rosé-Quartet, a performance of Meyerbeer's opera *The
Prophet*, Strauss' *Frau ohne Schatten*, Puccini's *Gianni Schicchi*, Klemperer's debut as Director of the

Berlin State Opera with *Fidelio*, and Wilhelm Furtwängler as Director of the Vienna Philharmonic. Berg displays particular interest in the work of Erich Wolfgang Korngold, his opera *Violanta*, and especially his opera *Das Wunder der Heliane* (first performed in Vienna on 29 October 1927). In a quite extensive annotation in pencil, Berg describes this opera as "the first truly perfect opera in a quarter of a century" (here referring to the 1902 first performance of Debussy's *Pélleas et Mélisande*). The scrap book ends with the note in pencil: "13./12 Jonny première", and newspaper clippings referring to the first performance of Ernst Křeneks jazz opera *Jonny spielt auf.*

33   ALBAN BERG TO RUŽENA HERLINGER   *ill. p. 106*

A.L.s.; Vienna, June 1930.
Ana 500, B, Herlinger, Ružena

In 1929 Berg was commissioned by the Viennese soprano Ružena Herlinger to compose the concert aria with orchestral accompaniment *Der Wein*. The work, in strict twelve-tone technique, is based on three poems from Baudelaire's *Fleurs du Mal* as translated by Stefan George. The particel was completed on 23 July, and on 23 August the fair copy of the score was ready. After the first performance in Königsberg on 4 June 1930, Berg thanked the soloist with these words: "You have given me great artistic pleasure with your rendition of my 'Wein-Arie', and I think I can say that that which we strove for here has been granted us unequivocally: *I* have succeeded in writing a piece of music which takes advantage of the many beauties of your voice; *you* have succeeded in giving everything needed for its rendition. And so it was a *double* joy for me when you sang the aria the first time so beautifully and successfully with orchestra (under Scherchen in Königsberg, at the Music Festival of the Allgemeiner Deutscher Musikverein)". Later Berg was to express his desire "to have my 'Weinarie' sung sometime by a *tenor*. As far as the *text* is concerned, this aria is definitely for a man." (Letter to the conductor Karel Boleslav Jirák of 18 October 1935; Ana 500, B, Jirák, Karel Boleslav). Yet it was not until 17 years after Berg's death that this wish was realized by the tenor Peter Pears in one of Karl Amadeus Hartmann's Musica Viva concerts in Munich (Munich premiere of the aria: 24 November 1952).

Literature: Hans F. Redlich, *Alban Berg*, Vienna, etc., 1957, 202ff. – Program notes of the 1952 Munich Concert.

34   ALBAN BERG   *ill. p. 50*

Lulu, Oper in drei Akten (7 Szenen) [...] nach den Tragödien Erdgeist und Büchse der Pandora von Frank Wedekind

TS. (carbon copy) libretto with A.MS. corrections and drafts. 21p. Fragment (pp.1–19, 51, and 4a; pp.20–50 wanting).
Ana 500, A, 6

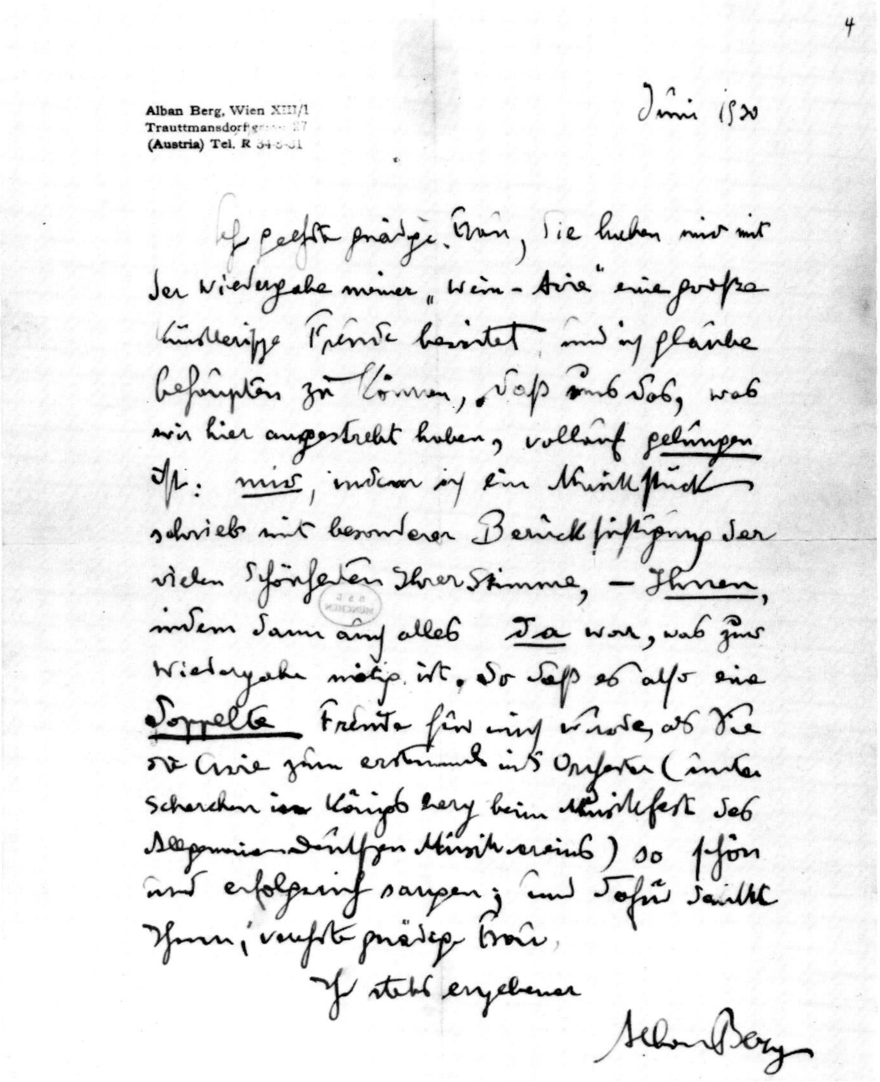

4

Alban Berg, Wien XIII/1
Trauttmansdorffgasse 27
(Austria) Tel. R 34-3-01

Juni 1930

Sehr geehrte gnädige Frau, Sie haben mir mit der Wiedergabe meiner „Wein-Arie" eine große künstlerische Freude bereitet, und ich glaube behaupten zu können, daß uns das, was wir hier angestrebt haben, vollauf gelungen ist: mir, indem ich ein Musikstück schrieb mit besonderer Berücksichtigung der vielen Schönheiten Ihrer Stimme, — Ihnen, indem dann auch alles da war, was zur Wiedergabe nötig ist, so daß es also eine doppelte Freude für mich wurde, als Sie die Arie zum erstenmal mit Orchester (unter Scherchen in Königsberg beim Musikfest des Allgemeinen deutschen Musikvereins) so schön und erfolgreich sangen; und dafür dankt Ihnen, verehrte gnädige Frau,

Ihr stets ergebener

Alban Berg

Alban Berg. Brief an Ružena Herlinger (Katalog Nr. 33)

On 29 May 1905 Karl Kraus premiered Wedekind's *Büchse der Pandora (Pandora's Box)* in Vienna, characterizing the two *Lulu* dramas in an introductory talk (later published in *Die Fackel*) as "the tragedy of the hunted, eternally misunderstood charm of women". Alban Berg was deeply impressed by the performance as well as the talk, some facets of which he noted down for himself. Nevertheless, more than 20 years were to pass before he turned to the *Lulu* dramas again in early 1928. Reworking the two Wedekind dramas with their seven acts and two prologues into a three-act opera libretto took an entire year – it was not until 1929 that Berg was able to begin composing. In a letter dated 7 April 1930, when, as he wrote, "the book in the form of an opera has been with me for a long time already," Berg reported to his friend and teacher Schoenberg of the difficulties he was still having in arranging the text: "[...] Quite aside from the composing (it still has not been granted to me to work in the twelve-tone method quickly), the libretto is holding me up a great deal. Establishing the libretto goes hand-in-hand with the composing. Because I must of course omit 4/5 of Wedekind's original, the job of choosing the remaining 1/5 is causing me plenty of anguish. And what anguish it is when I attempt to organize things into larger and smaller musical forms without destroying Wedekind's unique and individual language! [...]".

Literature: Hans F. Redlich, *Alban Berg*, Vienna, etc. 1957, 210 ff. – Willi Reich, *Alban Berg*, Zurich 1963, 147 ff.

35 ALBAN BERG   *ill. p. 52*

Sketches for Lulu

A.MS.s.; 1931. 3p.
Mus.ms. 17488

Pencil sketches for Act I, measures 1278–1283 and measures 1289–1310 of the printed score. On the first page Berg noted the inscription in red: "Dear Schloß/Also a 'letter aria'/but unfortunately only by Alban Berg/October 31." Julius Schloß studied with Berg around 1930. Another sheet with sketches for measures 1005–1020a of Act I, also from the Moldenhauer Collection, is listed under the neighboring call number 17489. An ozolid reproduction of the *Symphonische Stücke aus „Lulu"* (Universal-Edition, Vienna, ca. 1934) was also obtained from Dr. Moldenhauer, in which annotations in Berg's hand are also to be found (previously in the possession of Willi Reich, a writer on musical subjects who was also a student of Alban Berg).

36 ALBAN BERG TO ARNOLD SCHOENBERG

A.L. (draft) on the verso of a galley-proof, [28 August 1934].
Ana 500, B, Schönberg, Arnold

With an acrostic on the words "Glaube, Hoffnung und Liebe" (i.e., "Faith, Hope and Love"), Alban Berg dedicated his opera *Lulu* to his teacher Arnold Schoenberg on the occasion of his 60th birthday. The dedicatory letter which accompanied the copy of the Prologue of *Lulu* sent to Schoenberg has survived only in the form of a draft: "My dear friend, I know that you would answer my question – Alwa's question – 'May I enter'? (the first words of the opera following the raising of the curtain) along with Schön: 'By all means, enter!' and that I would embrace you with all of the fervor that I feel this 13th of Sept. That I can do this only from afar is just one of the things that saddens me this day! The other thing – all a result of these terrible times – is that, rather than coming to you with a real *present*, I come only with a *dedication*. Accept it not only as the product of years of work dedicated to you, but also as the documentation of this my inner most conviction: that the whole world – even the Germans – will realize from this dedication that this German opera was born in the domain of German music which shall carry *your* name into eternity [...]".

Literature: Willi Reich, *Alban Berg*, Zurich 1963, 166ff.

B. HOUGHTON LIBRARY, HARVARD UNIVERSITY, CAMBRIDGE (MASSACHUSETTS) – STÜCKE VORWIEGEND AUS DEM NACHLASS RUDOLF KOLISCH UND ERWERBUNGEN AUS DER SAMMLUNG HANS MOLDENHAUER

Einleitende Bemerkungen

In dieser gemeinsamen Ausstellung von musikalischen Quellen des 20. Jahrhunderts zeigt die Houghton Library der Harvard University Materialien vorwiegend aus zwei Erwerbungen des Jahres 1986, der „Americana"-Abteilung des Moldenhauer-Archivs und dem Kolisch-Nachlaß, ergänzt durch einige thematisch bezogene Stücke aus anderen Sammlungen der Houghton Library. Der Neubesitz, einmal katalogisiert und verfügbar gemacht, macht die Houghton Library zu einer wichtigen Stätte des Studiums der amerikanischen Musik des 20. Jahrhunderts sowie der Musik und Aufführungspraxis der sogenannten Zweiten Wiener Schule (in Europa und im Exil).

Die „Americana" aus der Sammlung Hans Moldenhauer (1906 – 1987), dem emigrierten Sammler und Wissenschaftler, umfassen Manuskripte, Musikalien und Briefe wichtiger amerikanischer Komponisten und schließen auch einige deutsche und österreichische Komponisten mit ein – Künstler meist jüdischer Abstammung, die während der Nazizeit gezwungen waren, ihre Heimat zu verlassen: Alexander von Zemlinsky (1871 – 1942), Paul Amadeus Pisk (geb. 1893), Vally Weigl (1899 – 1982, Frau des Komponisten Karl Weigl) und Ernst Křenek (geb. 1900).

Der Nachlaß des österreichischen Geigers Rudolf Kolisch (1896 – 1978), der von 1939 an in den USA lebte und arbeitete, kam praktisch vollständig nach Harvard. Er stellt keine Sammlung im üblichen Sinne dar, sondern ist ein durch lebenslange Beschäftigung mit der Musik des 20. Jahrhunderts und seiner Aufführungspraxis organisch gewachsener Bestand hauptsächlich von Arbeitsmaterial. Er spiegelt auch Kolischs freundschaftliche Verbindung mit anderen jüdischen Musikern in der Emigration wider, besonders zu Schönberg, seinem Lehrer, Schwager und lebenslangen Freund.[1]

Eine ideale Ergänzung zum Moldenhauer-Archiv und zum Kolisch-Nachlaß bildet die deponierte Sammlung des Geigers Louis Krasner (geb. 1903). Als Spieler der Uraufführungen der Violinkonzerte sowohl von Berg (1936) wie auch von Schönberg (1940) erlangte er Weltruhm.

Die Mehrzahl der hier ausgestellten Komponisten und Künstler gehörte zur Avantgarde-Szene im vibrierenden Wiener Musikleben des frühen 20. Jahrhunderts, und die meisten von ihnen mußten aus

---

[1] Siehe Regine Busch, *Der Nachlaß von Rudolf Kolisch*; in: *Internationale Schönberg-Gesellschaft. Mitteilungen* 2 (1987), S.7–9.

politischen Gründen in einem fremden Land, unter allen Schwierigkeiten und Frustrationen einer solchen Entwurzelung, ein neues professionelles Leben anfangen.[2] Sie sind größtenteils aber auch durch ein vielfältiges Netz von Lehrer-Schüler-Beziehungen miteinander verknüpft (Zemlinsky: Schönberg; Schönberg: Berg, Kolisch, Pisk; Berg: Adorno) und durch Freundschaften verbunden (Berg mit Schönberg, Kolisch und Krasner; Kolisch mit Adorno; Křenek mit Schnabel und Webern).

Die Berg-Ausstellungsstücke (Abschnitt B. I.) spiegeln die Freundschaft des Komponisten mit zwei einflußreichen Musikern wider und machen auch seine sorgsamen Bemühungen um die Wiedergabe seiner Musik verständlich, die an den Spieler höchste intellektuelle und technische Forderungen stellt.

Gleichermaßen ist Schönberg um den äußerst exakten Notentext bemüht; die Komplexität seiner Kompositionen bereitete den Verlegern seiner Werke beispiellose Schwierigkeiten (Abschnitt B. II. 1.). Die Auswahl aus dem Schönberg-Material zeigt aber auch seinen scharfsinnigen Humor. Widmungen und Briefe an Kolisch (dessen Schwester Gertrud er 1924 heiratete) geben Einblick in die gegenseitige Wertschätzung der beiden Künstler (Abschnitt B. II. 2.), die sich in der Emigration fortsetzte (Schönberg war schon 1933 in die USA geflohen, wo er zuerst in Boston, dann in Kalifornien lehrte).

Kolisch hatte Schönberg bei der gemeinsamen Arbeit im „Verein für musikalische Privataufführungen" kennengelernt, der 1918 von Schönberg zusammen mit Anton Webern, Alban Berg und Eduard Steuermann gegründet wurde und sich besonders der Aufführung zeitgenössischer Musik widmete. Als nach vier Jahren sich der „Verein" auflöste, gründete Kolisch das „Wiener Streichquartett", das 1927 in „Kolisch-Quartett" umbenannt wurde. In dessen endgültiger Besetzung mit Rudolf Kolisch und Felix Khuner (Violine), Jenö (Eugene) Lehner (Viola) und Benar Heifetz (Violoncello) wurde das Quartett weltberühmt. Es beherrschte – immer auswendig spielend – nicht nur das gesamte klassische Repertoire, sondern brachte viele neue Werke zur Uraufführung (u.a. Schönberg, Bartók, Berg und Webern). Der oft mitgestaltende Einfluß Kolischs war so intensiv, daß beispielsweise Berg seine „Lyrische Suite" auch „Koli'sche Ensuite" nannte. 1939 ging das Kolisch-Quartett in die USA, wo es sich kurz danach auflöste; das neue „Pro Arte Quartett" wurde 1944 gegründet. Kolisch lehrte an der University of Wisconsin in Madison und später am New England Conservatory in Boston (Abschnitt B. III.).[3]

Der Komponist und Dirigent Zemlinsky (Schönberg war in erster Ehe mit dessen Schwester Mathilde verheiratet) hatte sich sehr für Schönbergs Musik eingesetzt (*Erwartung*, Katalog Nr. 50); in seiner Berliner Zeit unterrichtete er an der dortigen Hochschule. 1933 wandte er sich nach Wien und nach dem „Anschluß" 1938 in die USA. Erschöpft durch physische und emotionale Überanstrengung verbrachte er seine letzten New Yorker Lebensjahre in künstlerischer Isolation (Abschnitt B. IV. Katalog Nr. 58 – 60). Theodor Wiesengrund Adorno (1903 – 1969), der bedeutende Philosoph und Soziologe, war ein äußerst

---

[2] Siehe *50 Jahre danach, 1938 – 1988*; in: *Österreichische Musikzeitschrift* 43 (1988), April-Heft.
[3] Siehe Rudolf Kolisch, *Zur Theorie der Aufführung*. München 1983 (Musikkonzepte 29/30).

selbstkritischer Schüler Bergs. Sein kompositorisches Oeuvre blieb klein: op.5 (Abschnitt B. IV., Katalog Nr. 61) schrieb er im Alter von Achtunddreißig. Seine philosophisch-soziologischen Schriften zur Musik übten einen immensen Einfluß aus (Abschnitt B. IV., Katalog Nr. 62 – 64). Adorno lebte ab 1933 im Exil, zuerst in England und seit 1938 in den USA, wo er in Max Horkheimers expatriiertem Institut für Sozialforschung arbeitete und mit diesem 1949 nach Frankfurt/Main zurückkehrte.

Paul A. Pisk wurde in Wien geboren; er studierte Komposition bei Schönberg und Musikwissenschaft bei Guido Adler. Später war er Mitherausgeber der progressiven Zeitschrift *Musikblätter des Anbruch* und gewann 1925 mit seinem Streichquartett den Musikpreis der Stadt Wien. 1936 emigrierte er in die USA, wo er seitdem komponierte und schrieb. Als Komponist und Theoretiker unterrichtete er an mehreren Universitäten, zuletzt in Los Angeles. Sein Werkverzeichnis im *New Grove Dictionary of Music and Musicians* (1980) führt nur einen geringen Teil seines Gesamtschaffens auf (Abschnitt B. V., Katalog Nr. 65).

Der Komponist und Schriftsteller Ernst Křenek, ebenfalls ein gebürtiger Wiener, war Kompositionsschüler von Franz Schreker und kam in engen Kontakt mit Ferruccio Busoni, Hermann Scherchen und Eduard Erdmann. Für kurze Zeit war er mit Anna Mahler verheiratet. In den frühen 30er Jahren entwickelte sich eine engere Beziehung zu Berg und Webern. Nachdem man ihn zum „Kulturbolschewisten" gestempelt hatte und seine Werke – wie auch die seiner Freunde aus der Avantgarde – als „entartete Kunst" klassifiziert worden waren, verließ er 1938 Wien, um in die USA zu gehen. Er unterrichtete dort zuerst in Boston, danach an verschiedenen Universitäten des Westens. Im Gegensatz zu vielen anderen Emigranten nahm er nach dem Krieg den Kontakt zu Europa wieder auf (Abschnitt B. V., Katalog Nr. 67 – 68).

Der österreichische Pianist Artur Schnabel (1882 – 1951) lebte von 1900 bis 1933 in Berlin und konzertierte als Solist und Kammermusiker. Häufig nahm er an Aufführungen zeitgenössischer Musik teil wie z.B. an Schönbergs *Pierrot Lunaire*. Křenek und Schönberg gehörten zu seinen Freunden. An der Berliner Hochschule für Musik, an der er seit 1925 gelehrt hatte, wurde er 1933 zusammen mit seinem Kollegen Zemlinsky seines Amtes enthoben. Er ging zuerst nach England und emigrierte von dort aus 1939 in die USA, kehrte aber nach dem Krieg nach Europa (in die Schweiz) zurück. Von seinen Kompositionen sind nur wenige veröffentlicht (Abschnitt B. V., Katalog Nr. 66).

Felix Wolfes (1892 – 1971), aus Hannover gebürtig, studierte Komposition bei Max Reger (Leipzig) und Hans Pfitzner (Straßburg). Er hatte in Deutschland mehrere Stellungen als Kapellmeister inne und arbeitete mit Hans Pfitzner (am Klavierauszug von *Palestrina*) und Richard Strauss (am Klavierauszug von *Arabella* und *Die schweigsame Frau*), mit letzterem sogar noch, nachdem er 1933 das Land verlassen mußte. Seine erste Position in den USA war die eines Kapellmeisters an der Metropolitan Opera in New York City. Später trat er der Fakultät des New England Conservatory in Boston bei (Abschnitt B. V., Katalog Nr. 69 – 70).

Die offensichtliche Heterogenität der ausgestellten Stücke läßt eine erklärende Bemerkung notwendig erscheinen. Das Moldenhauer-Archiv ist besonders reich an Materialien, die sich auf Musiker im Exil beziehen, aber es enthält auch zahlreiche Dokumente von denjenigen, die in Deutschland zurückblieben. Es gab Zeiten, in denen das Nebeneinander der in diesen Ausstellungsvitrinen enthaltenen Namen nicht möglich war.[4] Es erschien jedoch für den Zweck dieser Ausstellung nicht ratsam, die betreffenden Namen voneinander zu trennen. Wie sich unmittelbar erkennen läßt, gab es viele gemeinsame Verbindungen (Katalog Nr. 70), vor allem aber auch kompromißlose Entzweiung sowie ästhetische und politische Gegensätze, die als solche die Realität im Musikleben des 20. Jahrhunderts vor, während und nach dem 2. Weltkrieg widerspiegeln.

Für wertvolle Hilfe bei der Vorbereitung dieses Katalogs gilt Reinhold Brinkmann, Vicki Denby, Rodney G. Dennis, Elizabeth A. Falsey und Christoph Wolff besonderer Dank.

B. I. ALBAN BERG

37 ALBAN BERG   *Abb. S. 58*

Wandert ihr Wolken ... Ferd. Avenarius op.XIII. n.1.
Autograph (unsigniert); [Berghof, 1904]. 2 Bll. (4 S.). Unveröffentlicht.

Reinschrift eines frühen Liedes mit wenigen Korrekturen. Möglicherweise gehört es zusammen mit vier anderen Liedern zu denen, die Berg im Herbst 1904 Schönberg zeigte, woraufhin er als Kompositionsschüler angenommen wurde. Die Opuszahl bezieht sich auf Bergs frühere Numerierung seiner Werke. Nach seinen Studienjahren bei Schönberg begann er noch einmal mit der Zählung von vorn und bezeichnete seine 1907 – 1908 entstandene Klaviersonate erneut mit Opus 1. Ein weiteres Autograph des vorliegenden Liedes befindet sich in der Österreichischen Nationalbibliothek in Wien (F 21 Berg 2).

MS Mus 116, erworben 1965 mit S.A.E. Morse and Duplicate Funds.

38 ALBAN BERG

Der Wein. Konzertarie
Leipzig und Wien: Universal-Edition Nr. 9957 [1930]. Klavierauszug.

Der Wein, für Sopran und Orchester, erschien ein Jahr nach der Komposition als Klavierauszug. Dieses Exemplar ist mit einer Widmung Bergs an Rudolf Kolisch vom Juni 1930 versehen. Beiliegend eine

---

[4] 1938, vor genau fünfzig Jahren, organisierte das Nazi-Kultusministerium aus Anlaß des „Reichsmusikfestes" in Düsseldorf eine Ausstellung, um die Werke einer großen Anzahl von Musikern als „entartete Musik" zu brandmarken. Siehe Albrecht Dümling und Peter Girth, Hrsg., *Entartete Musik. Eine kommentierte Rekonstruktion. Katalog.* Düsseldorf 1988.

Anzeigenseite, die u.a. eine Zeitungskritik des Stückes zitiert. Auf die Bemerkung des Kritikers, daß Berg sich in diesem Stück „zu wirklicher Daseinsfreude und Diesseitigkeit gewandelt" habe, bemerkt der Komponist ironisch: „das wußte ich garnicht!!".

Rudolf Kolisch Papers, erworben 1986.

39   ALBAN BERG

Arnold Schönberg. Kammersymphonie op. 9. Thematische Analyse
Leipzig und Wien: Universal-Edition Nr. 6140. [o. J.].

Berg, der auch thematische Analysen für Schönbergs *Gurre-Lieder* und für *Pelleas und Melisande* schrieb, widmete ihm dieses Exemplar „in großer Verehrung und Freundschaft".

Rudolf Kolisch Papers, erworben 1986.

40   GEORG BÜCHNER   *Abb. S. 114*

Wozzeck
Berlin-Charlottenburg: Axel Junker-Verlag, [1919] (Orplidbücher 29).

Diese Ausgabe trägt Bergs Besitzstempel auf dem vorderen Vorsatzblatt und weist durchgehend tiefgreifende autographe Revisionen auf. Während der Niederschrift der Oper *Wozzeck* benutzte Berg als Handexemplar die *Insel*-Ausgabe von 1913. Die vorliegende Ausgabe von 1919 ist ein Nachdruck der *Insel*-Ausgabe und bis auf das Fehlen des Nachwortes mit ihr identisch. Berg plante dieses sorgfältig redigierte Exemplar als vorläufigen Entwurf zum Libretto (siehe Peter Petersen, *Alban Berg. Wozzeck*. München: 1985. Musikkonzepte, Sonderband).

Louis Krasner Deposit, 1977.

41   ALBAN BERG   *Abb. S. 60*

1 maschinenschriftlicher, eigenhändig unterschriebener Brief und 2 eigenhändige Briefe mit Unterschrift an Louis Krasner, Auen am Wörthersee, 16., 21. und 27. 7. 1935. 1 Bl. (2 S.), 1 Bl. (2 S.) & 2 Bll. (4 S.).

„Lieber Herr Krasner, ich habe gestern die *Komposition* des Violinkonzerts beendet. Ich bin darüber noch mehr erstaunt als Sie es vielleicht sein werden. Ich war allerdings so fleißig, wie noch nie in meinem Leben

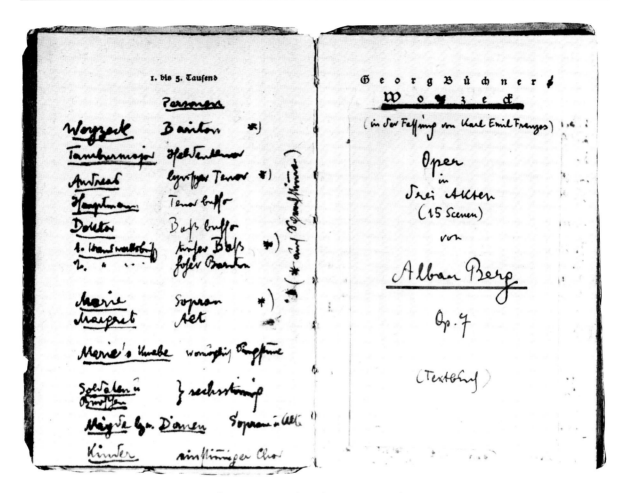

Georg Büchner. *Wozzeck*, title page (Catalogue no. 40)

und dazu kam, daß mir die Arbeit immer mehr Freude machte [...]" (16.7). Diese Ankündigung richtet sich an den Geiger Louis Krasner, der das Violinkonzert in Auftrag gegeben hatte. Berg lädt ihn ins „Waldhaus" ein, nachdem die Komposition beendet und die Orchestrierung im Gange ist (der zweite Teil vor dem ersten), so „[...] daß wir zwei die *Violinstimme* dieses Konzertes endgültig (d.h. womöglich für ewige Zeiten!) *festlegen* [...]" (27.7).

Louis Krasner Deposit, 1977.

42   ALBAN BERG

Eigenhändiger Brief mit Unterschrift an das Wiener Streichquartett; [ohne Ort], 3. 9. 1926. 1 Bl. (1 S.).

Das Wiener Streichquartett, später in Kolisch-Quartett umbenannt, spielte am 8. Januar 1927 in Wien die Uraufführung der *Lyrischen Suite.* Zusammen mit einem Fragebogen, der sich jetzt in der Library of Congress, Washington D.C. befindet, schrieb Berg diese besorgte Notiz wegen der „Ausführbarkeit" gewisser Passagen.

Rudolf Kolisch Papers, erworben 1986.

43   ALBAN BERG   *Abb. S. 116*

Eigenhändiger Brief mit Unterschrift an Rudolf Kolisch; Wien, 7. 3. 1935. 3 Bll. (6 S.).

Nachdem in Deutschland Aufführungsverbot über Bergs Werke verhängt war, zwang ihn 1934 seine finanzielle Situation, das *Wozzeck*-Manuskript zu verkaufen. Ein Jahr später schreibt er an Kolisch: „Vielleicht findet Ihr auf Eurem Weg in die weite Welt einen reichen Phantasten, der das Manuscript der Partitur der „lyr. Suite" besitzen will [...] auch die Part. der Wein Arie (Mscrpt) ist verkäuflich [...] mir wäre – wahrscheinlich bis zum Herbst geholfen u. ich könnte ruhig im Waldhaus das Violinkonzert komponieren – am Wörthersee also, wo vor 57 Jahren das Brahms'sche entstand." Er ist mit dem Konzert und mit *Lulu* unter großem Zeitdruck, „[...] aber vielleicht finde ich noch 2,3 Wochen, wo ich Euch zwischen den I. u. II. Satz von op.3 – ein Vierteljahrhundert später 1910/11 – 1935/36 – einen kurzen Satz hineinkomponiere [...] ". Dieses letztere Vorhaben konnte er nicht mehr verwirklichen.

Rudolf Kolisch Papers, erworben 1986.

Alban Berg. Letter to Rudolf Kolisch, ff. 2^v and 3^r (Catalogue no. 43)

B. II. 1. ARNOLD SCHÖNBERG ALS HERAUSGEBER

44 ARNOLD SCHÖNBERG

Abb. S. 62

Verklärte Nacht. Transfigured Night, based on a poem by Richard Dehmel. Arranged for String Orchestra by the composer. Arnold Schoenberg, op. 4. Revised Version, 1943

[New York: Associated Music Publishers, 1943]. Blaupausen-Korrekturabzüge mit eigenhändigen Korrekturen und Revisionen in Englisch.

Verklärte Nacht wurde 1899 als Streichsextett komponiert. Die erste Bearbeitung für Streichorchester erschien 1917 in Wien. In der hier gezeigten Fassung von 1943 nimmt Schönberg einige Revisionen vor, insbesondere verringerte er die extensiven dynamischen Bezeichnungen. Sorgfältig macht er die Korrekturen in verschiedenen Farben kenntlich. „Der Herr, der in dieser Partitur Korrekturen gelesen hat, fand es notwendig, viele der ♯, ♭ und ♮, die ich in meine originale Partitur eingetragen hatte, auszustreichen. Ich bin nicht seiner Meinung. Bitte entsprechend diese Korrekturen außer Acht lassen und sich ganz nach meiner Vorlage richten".

Rudolf Kolisch Papers, erworben 1986.

45.1 ARNOLD SCHÖNBERG

String Trio op. 45

Long Island City, N.Y.: Boelke-Bomart, 1950. Aufgeklebte Grünabzüge.

Das Trio wurde 1946 vom Harvard Music Department in Auftrag gegeben und dort anläßlich eines Symposions zum Thema Musikkritik, das vom 3. bis 5. Mai 1947 stattfand, vom Walden-Quartett uraufgeführt. Erst 1950 erschien das Werk im Druck. Kolisch, der an den Korrekturen beteiligt war, führte es 1949 aus den von ihm korrigierten Grünabzügen auf. Adorno hörte 1948 eine wahrscheinlich vom Walden-Quartett gespielte Aufführung (siehe den Brief an Kolisch, Katalog Nr. 63.2).

Rudolf Kolisch Papers, erworben 1986.

45.2 ARNOLD SCHÖNBERG

Eigenhändiger Brief mit Unterschrift an A. Tillman Merritt; Los Angeles, 24. 9. 1946. 1 Bl. (1 S.). In Englisch.

Der Komponist berichtet Merritt, dem damaligen Chairman des Harvard Music Departments, von der Fertigstellung des Streichtrios. Er ist besorgt um die Ausführbarkeit gewisser Passagen: „Ich würde gern wissen, welches Ensemble diese Aufführung spielen wird, denn es gibt einige Stellen, die für den durchschnittlichen Kammermusiker zu schwer sind. Wahrscheinlich schreibe ich später noch einige 'OSSIAs' für diese Takte, oder ich sollte überlegen, ob ich es als Streichquintett umschreibe."

Department of Music, Harvard University.

45.3 ARNOLD SCHÖNBERG

2 maschinenschriftliche Briefe mit Unterschrift an Rudolf Kolisch; Los Angeles, 30. 9. 1946 und 17. 2. 1950. 1 Bl. (1 S.) & 1 Bl. (1 S.). In Deutsch.

Nach der Fertigstellung des Streichtrios op. 45 bittet Schönberg Kolisch, das Stück noch einmal auf eventuelle technische Schwierigkeiten hin durchzusehen (30. 9. 46); denn: „Ein Streichtrio ist im Allgemeinen, wie man hier sagt, ein Streichquartett minus zweiter Violine, meins ist ein Streichsextett minus Streichtrio" (17. 2. 1950).

Rudolf Kolisch Papers, erworben 1986.

46 ARNOLD SCHÖNBERG

Gurre-Lieder

Autographierte Partitur, im Original signiert. Leipzig und Wien: Universal-Edition, 1912.

Schönberg arbeitete 1900, 1901 – 03 und wieder 1910 – 11 an den *Gurre-Liedern*. Dieses Exemplar des autographierten Erstdruckes, von Schönberg und anderen stark überarbeitet, ist möglicherweise in Verbindung mit der Wiener Aufführung vom 23. 2. 1913 unter Franz Schreker benutzt worden. Aus diesem Anlaß wurde von Joseph Polnauer, Paul Koeninger und Alban Berg eine Partitur in reduzierter Besetzung arrangiert. Schönbergs Bezeichnungen erscheinen hier in Rotstift. Die Änderungen in diesem Exemplar wurden in der gestochenen Ausgabe von 1920 berücksichtigt.

Louis Krasner Deposit, 1977.

47 ARNOLD SCHÖNBERG

Sonett No. 217 von Petrarca. Aus der Serenade op. 24.

Kopenhagen: Hansen, 1924. Korrekturen des Klavierauszuges.

Diese Korrekturen sind wahrscheinlich am 30. und 31. 10. 1923 im Verlag Hansen (Korrektor „A.H.") ausgeführt worden, aber teilweise - durch rote Tinte kenntlich - auch von Schönberg selbst, der u.a. die

Änderung im Titel nachtrug. Der 4. Satz der Serenade op. 24, im Frühling 1923 beendet, ist eine der ersten Zwölfton-Kompositionen.

Rudolf Kolisch Papers, erworben 1986.

B. II. 2. ARNOLD SCHÖNBERG

48 ARNOLD SCHÖNBERG   *Abb. S. 64*

Rosen aus dem Süden. Walzer von Johann Strauß op. 388 für Kammerorchester gesetzt von Arnold Schönberg Mai 1921

Autograph, signiert; [Wien], 17. 5. 1921. Partitur.

Bearbeitung für 2 Violinen, Viola, Violoncello, Harmonium und Klavier. Dirigierpartitur mit zahlreichen Korrekturen und mehrfarbigen Bezeichnungen, sowie Angaben über Registrierung des Harmoniums. Grauer Papierumschlag mit Bildern von Mozart, Haydn, Beethoven und Schubert in den Ecken der Titelseite. Am 27. Mai 1921 gab der „Verein für Musikalische Privataufführungen", Wien, ein Benefizkonzert mit vier Walzern von Johann Strauss in Bearbeitungen von Webern (*Schatzwalzer*), Berg (*Wein, Weib und Gesang*) und Schönberg (*Rosen aus dem Süden* und *Lagunenwalzer*). Die Ausführenden waren Eduard Steuermann, Klavier; Alban Berg, Harmonium; Rudolf Kolisch, Arnold Schönberg und Karl Rankl, Violinen; Othmar Steinbauer, Viola; und Anton Webern, Violoncello. Die autographen Partituren wurden nach dem Konzert versteigert.

fMS Mus 129, erworben 1967 mit dem S.A.E. Morse fund.

49 ARNOLD SCHÖNBERG [?]   *Abb. S. 67*

Ich kuise an dem Walde

Autograph (unsigniert); [ohne Ort, undatiert]. 1 Bl. (2 S.). Unveröffentlicht.

Lied nach einem mittelhochdeutschen Gedicht von Rudolf von Fenis aus dem 12. Jahrhundert (*Minnesangs Frühling* 82, 26). Die bisher unbekannte Komposition findet sich in keinem Schönberg-Werkverzeichnis. Die Handschrift der Textunterlegung läßt vermuten, daß die Komposition trotz ihres retrospektiven musikalischen Stils in Schönbergs späteren Jahren anzusetzen ist (ca. 1933 oder später).

Rudolf Kolisch Papers, erworben 1986.

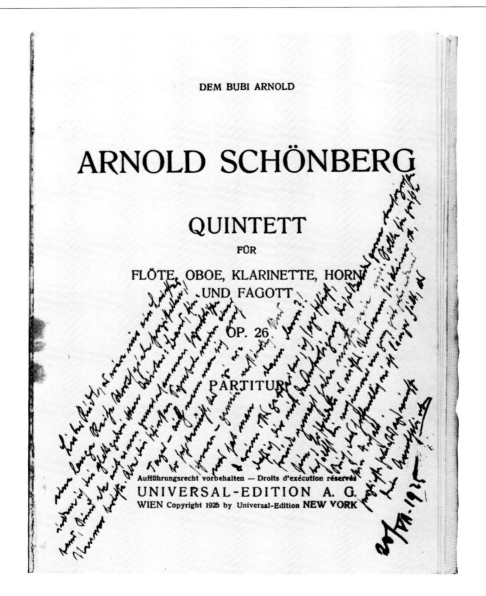

Arnold Schoenberg. *Quintet* op. 26, title page (Catalogue no. 51)

50 ARNOLD SCHÖNBERG

Erwartung. Monodram op.17

Wien: Universal-Edition, 1916. Partitur.

Die erste Aufführung dieses Werkes fand am 6. Juni 1924 in Prag statt, acht Jahre nach der Veröffentlichung und fünfzehn Jahre nach seiner Komposition. Aus Anlaß dieser langersehnten Uraufführung widmete Schönberg Kolisch das vorliegende Exemplar: „Zur Erinnerung an die Erwartung und in Erwartung der Erinnerung an vieles schöne Musizieren." Es unterschrieben ebenfalls die Verfasserin des Librettos Marie Pappenheim-Frischauf, der Dirigent Alexander von Zemlinsky („ich weiß nichts mehr, aber es war sehr schön heute"), wie auch der Regisseur Louis Laber, der eine Skizze des Bühnenbildes beifügte.

Rudolf Kolisch Papers, erworben 1986.

51 ARNOLD SCHÖNBERG   *Abb. S. 120*

Quintett für Flöte, Oboe, Klarinette, Horn und Fagott op.26

a) Wien: Universal-Edition Nr. 7668 [ca. 1925]. Taschenpartitur.

Das Quintett, 1923/24 geschrieben, wurde schon bald danach veröffentlicht. Vorliegendes Exemplar trägt Schönbergs Widmung an Kolisch mit einer Anspielung auf den selbstgefertigten Einband: „Lieber Rudi, es wäre mir ein Leichtes, eine Menge Wortspiele herzustellen, indem ich die glatt gedruckten Wörter: Band, Ein-band, Bund etc. auf einen gemeinsamen symbolischen Nenner brächte. Aber die schönsten Symbole werden eines Tages, auch wenn man sich noch so sehr bemüht, das zu erschweren – gemeinverständlich. Und was hat man dann davon?! Darum ist es gescheiter, ich sage schlicht, daß ich Dir mit der Anfertigung dieses Bandes gerne ebenso große Freude gemacht haben möchte, wie mir. Sollte sie größer sein, so schadete es nichts. Und wenn sie kleiner ist, behältst Du immer noch ein ganz gut gebundenes Buch, das hoffentlich nicht länger hält als sein Inhalt."

b) Wien: Universal-Edition Nr. 7670, 1925. Bearbeitung für Klavier vierhändig (von Felix Greissle).

Mit Schönbergs Widmung an Kolisch, Weihnachten 1925: „Alles was ich vergessen habe steht da drin! ich empfehle dir so ein Notizbuch! Allerdings habe ich alles was da drin steht auch schon vergessen: man komponiert ja fürs Vergessenwerden."

Rudolf Kolisch Papers, erworben 1986.

52 ARNOLD UND GERTRUD SCHÖNBERG

Eigenhändiger Brief mit Unterschriften an Rudolf Kolisch; Berlin-Charlottenburg, 21. 1. 1926. 1 Bl. (1 S.).

1925 nahm Schönberg eine Professur für Komposition an der Akademie der Künste in Berlin als Nachfolger Ferruccio Busonis an. Das Ehepaar berichtet seinem Bruder und Schwager von seinen ersten Eindrücken: „Hier links wird die Trude schreiben und dort rechts schreibe ich einstweilen, wie es sich wirklich verhält [...] Berlin gefällt uns besser, als wir es erwarten durften. Es ist noch immer, oder vielmehr: schon wieder das alte [...] ". Sie erzählen von den ersten Aufführungen, die sie besuchten (*Wozzeck* von Berg, *Brautwahl* von Busoni, *Gesellschaft* von Galsworthy, ein amerikanischer Film) und von den Persönlichkeiten, mit denen sie zusammentrafen (Franz Schreker, Artur Schnabel, Bruno Walter).

Rudolf Kolisch Papers, erworben 1986.

53 ARNOLD UND GERTRUD SCHÖNBERG

Eigenhändiger Brief mit Unterschriften an Rudolf Kolisch; [Berlin], 7. 3. 1926. 1 Bl. (2 S.).

Schönberg berichtet: „ [...] habe ich ein Quartett angefangen. Ich glaube es werden Variationen, lauter kürzere Stücke, deren jede eine Variation des ersten vorstellt. Kein sehr langes Stück. Hoffentlich wird es und hoffentlich bald [...] Sonst habe ich einen kleinen Aufsatz über 'Mechanische Musikinstrumente' für *Pult und Taktstock* geschrieben und eine Passacaglia für Orchester angefangen [...] ". Das Quartettprojekt ist möglicherweise in der Skizzengruppe von 1926 erhalten, die in Band 21B der Schönberg-Gesamtausgabe veröffentlicht ist. Außerdem bestätigt dieser Brief auch die Neudatierung der Passacaglia (bisher wurde 1920 angenommen) aufgrund stilistischer und historischer Untersuchungen (siehe Ethan Haimo, *Redating Schoenberg's Passacaglia for Orchestra;* in: *Journal of the American Musicological Society* 40/3, 1987, 471 – 494).

Rudolf Kolisch Papers, erworben 1986.

B. III. RUDOLF KOLISCH UND SEIN QUARTETT

54 RUDOLF KOLISCH   *Abb. S. 70*

Probenjournal des Streichquartetts

Autographes Tagebuch des Wiener Streichquartetts; [verschiedene Orte], 1922 – 1927. 2 Bände: 80 Bll. (139 S.) & 93 Bll. (51 S.).

Sorgfältig werden Probendatum, Uhrzeit, geprobte Werke und spezielle Anmerkungen (in bezug auf bestimmte musikalische oder technische Probleme, Zuhörer bei Proben, etc.) notiert. Berg war vom 20.

bis 27. September 1922 bei den Proben seines Streichquartetts op. 3 anwesend. Am 2. Oktober, nach fünfzehn Probenstunden, notierte Kolisch das Studium dieses Quartetts als beendet. Am 8. und 10. Juni 1927 war Schönberg bei den Proben für sein 3. Quartett op. 30 zugegen. Beiliegend zwei Reklamezettel mit dem Repertoire des Wiener Streichquartetts (später in Kolisch-Quartett umbenannt), auf dem das Ensemble besonders die Teilnahme der Komponisten bei der Einstudierung vieler Werke hervorhebt.

Rudolf Kolisch Papers, erworben 1986.

55   ALBAN BERG

Streichquartett op. 3

Berlin: Schlesinger, und Wien: Haslinger, 1920. Aufgeklebte Taschenpartitur.

Das Werk, 1910 komponiert, wurde zunächst 1911 aus handschriftlichen Stimmen von einem Laien-quartett uraufgeführt. Nach der Veröffentlichung benutzte Kolischs Quartett die gedruckte Fassung (siehe das „Probenjournal"). Rudolf Kolisch bezeichnete jede Partitur mit Sorgfalt. Wie immer probte das Quartett aus aufgeklebten Partiturseiten und spielte im Konzert auswendig.

Rudolf Kolisch Papers, erworben 1986.

56   MAX REGER   *Abb. S. 124*

Violinkonzert op. 101

Manuskript; [Wien, ca. 1922]. 89 Bl. (177 S.). Partitur.

Von unbekannter Hand geschrieben und mit zahlreichen Korrekturen und Revisionen von Kolisch und anderen versehen. Ein kurzer Abschnitt der Solovioline (Takt 134 – 243) ist in roter Tinte notiert. In der für den „Verein für Musikalische Privataufführungen" typischen Bearbeitung für kleines Ensemble (spar-same Bläserbesetzung, Klavier, Harmonium und Streicher) war das Konzert sicherlich für eine Aufführung vorgesehen, bevor sich der „Verein" aus Mangel an finanziellen Mitteln 1922 auflöste. Möglicher-weise hat Kolisch diese Bearbeitung zu einem späteren Zeitpunkt aufgeführt.

Rudolf Kolisch Papers, erworben 1986.

Max Reger. *Violinkonzert*, f. 11ᵛ (Catalogue no. 56)

57 RUDOLF KOLISCH

3 maschinenschriftliche Briefe (Durchschläge ohne Unterschrift) an Arnold Schönberg; Madison, Wisconsin, 25. 2. 1945, 11. 2. 1947, und 28. 2. 1950. 1 Bl. (2 S.), 1 Bl. (1 S.) & 1 Bl. (1 S.). Nr. 1 und 2 in Englisch, Nr. 3 in Deutsch.

1944 nahm Kolisch eine Stelle an der School of Music der University of Wisconsin in Madison an. Vorliegende Briefe spiegeln die Fortschritte in seiner Arbeit, die sich für die Sache der Kammermusik und insbesondere von Werken des 20. Jahrhunderts einsetzte, wider. „Ich stürzte mich wie rasend in diese Arbeit und sie nahm mir den letzten Tropfen Energie. Die Situation, die ich hier bei meiner Ankunft vorfand, war keineswegs ermutigend [...] Ich mußte sofort anfangen Konzerte zu geben, und sie mußten meinen Anforderungen entsprechen [...] Ich mußte nicht nur diese Werke technisch vorbereiten, sondern sie [die Spieler] auch von der Musik überzeugen, das heißt, sie dazu bringen, sie zu mögen, sodaß sie sie mit mehr Überzeugung spielen [...] Die Konzerte gingen einigermaßen gut, aber mein Enthusiasmus ist dahin [...]“ (25. 2. 1945). Zwei Jahre später schrieb Kolisch: „Ich möchte Dir von einem sehr ermutigenden Trend berichten, den ich bei unseren letzten Konzerten mit zeitgenössischer Musik in Pittsburgh, New York und St. Paul wahrnahm. Die Zuhörerschaft wächst an Anzahl und Qualität, und sie ist auf jeden Fall die einzige in diesem Land, die man ernst nehmen kann, nämlich die versucht, einen echten Kontakt mit der Musik herzustellen. Die Erfahrungen in New York waren besonders erfreulich. Die Handvoll Menschen von vor zwei Jahren ist zu einem Publikum von 700 enthusiastischen Zuhörern angewachsen, und zum ersten Mal in diesem Land sah ich strahlende Gesichter von jungen Leuten in längstvergessenen Konzertsälen“ (11. 2. 1947). In der Konzertserie von 1950 wurde fast das gesamte Schönbergsche Kammermusik-Oeuvre aufgeführt und fand ein großes Publikum. „Das Publikum ist verschieden von dem unserer regulären Konzerte; die 'music-lovers' fehlen. Es ist aber viel enthusiastischer [...]“ (28. 2. 1950).

Rudolf Kolisch Papers, 1986.

B. IV.   ALEXANDER VON ZEMLINSKY UND THEODOR W. ADORNO

58   ALEXANDER VON ZEMLINSKY   *Abb. S. 72*

Der Tag wird kühl ... Paul Heyse. Lied für eine hohe Singstimme
Autograph, signiert; [Wien], Juni 1987. 2 Bll. (4 S.). Unveröffentlicht.

„Meiner Mela zum Abschied“ gewidmet. Melanie Guttmann war Zemlinskys Jugendliebe, sie wanderte schon vor 1900 in die USA aus (bei diesem Lied handelt es sich möglicherweise um ein Abschiedsgeschenk) und wurde durch Heirat Melanie Guttmann-Rice. (Ihre Schwester Ida wurde 1906 Zemlinskys erste Frau.) Mehr als ein Vierteljahrhundert lang war sie die Empfängerin vieler Grußkarten und Briefe (jetzt im Moldenhauer-Archiv, Harvard) u.a. aus Wien, Prag und Rottach-Egern, unterzeichnet von Arnold und Gertrud Schönberg, Alexander, Ida und Louise Zemlinsky, Eduard Steuermann, Rudolf Serkin, Richard Strauss u.a.

Hans Moldenhauer Archives at Harvard, erworben 1986.

59 ALEXANDER VON ZEMLINSKY

Streichquartett (Suite) Nr. 4, op.25

Kopisten-Abschrift, autograph signiert; [Wien, ca. 1936]. 4 Stimmen: 7 Bll. (13 S.), 6 Bll. (12 S.), 7 Bll. (13 S.) & 6 Bll. (12 S.).

Autographe Korrekturen und Revisionen, u.a. der vollständigen 1. Violinstimme des ersten Satzes, *Präludium*. Das Quartett, eine „Lyrische Suite" in sechs Sätzen, wurde erst 1967, fünfundzwanzig Jahre nach dem Tod des Komponisten, uraufgeführt und 1974 veröffentlicht (Wien: Universal-Edition).

Hans Moldenhauer Archives at Harvard, erworben 1986.

60 ALEXANDER VON ZEMLINSKY

Eigenhändiger Brief mit Unterschrift an Alban Berg; [Prag?, ca. 1923]. 1 Bl. (2 S.). Fragment.

Zemlinsky bestätigt den Erhalt des *Wozzeck*-Klavierauszuges und informiert sich über seine Einladung nach Venedig (wahrscheinlich das IGNM-Fest Venedig-Prag 1925). Die linke Hälfte des Briefes scheint abgerissen, auf der Rückseite des Blattes befindet sich eine Liste mit Namen prominenter Persönlichkeiten (u.a. Erich Kleiber, Fritz Busch, Otto Klemperer, Paul Bekker, Oskar Kokoschka) von der Hand Alma Maria Mahler-Werfels. Eng befreundet mit den Bergs, war sie 1923 an der Beschaffung der Mittel für den Privatdruck und den Verkauf des Klavierauszuges zum *Wozzeck* wesentlich beteiligt, und vorliegende Übersicht ist möglicherweise eine Liste von anzupeilenden „Zielpunkten".

Hans Moldenhauer Archives at Harvard, erworben 1986.

61 THEODOR W. ADORNO

Klage. Sechs Gedichte von Georg Trakl für Singstimme und Klavier op. 5

Autographie, im Original signiert; [Los Angeles], 1941. 10 Bll. (20 S.).

Vorliegendes Exemplar trägt eine Widmung an Kolisch: „mit treuer Metronomisierung, Los Angeles, Mai 1942. Teddi". *Klage*, 1938 – 1941 im Exil geschrieben, wurde erst postum, 1980, veröffentlicht (München, text + kritik).

Rudolf Kolisch Papers, erworben 1986.

62 THEODOR W. ADORNO

Alban Berg

Typoskript mit autographen Korrekturen und Revisionen; Frankfurt, 1955/56. 14 Bll. (14 S.).

Erster Entwurf des Aufsatzes mit mehreren Überarbeitungsschichten; die endgültige Fassung wurde in *Klangfiguren* (Berlin und Frankfurt/M., 1959) veröffentlicht. Im Januar 1956 dedizierte Adorno dieses Manuskript Rudolf Kolisch.

Rudolf Kolisch Papers, erworben 1986.

63.1 THEODOR W. ADORNO

Zur Philosophie der neuen Musik

Typoskript-Durchschlag (unsigniert) mit autographen Korrekturen und Revisionen; [Los Angeles, 1941], 92 Bll. (Titelblatt und 91 S.).

Vorliegendes Exemplar trägt den eigenhändigen Besitzvermerk „Property of the Institute for Social Research Columbia University New York" (Eigentum des Instituts für Sozialforschung an der Columbia University New York) auf dem Titelblatt. Ein identisches Exemplar sandte Adorno an Thomas Mann während dessen Arbeit an *Doktor Faustus*. Mann erinnert sich in *Die Entstehung des Doktor Faustus* (1949): „Ich fand eine artistisch-soziologische Situationskritik von größter Fortgeschrittenheit, Feinheit und Tiefe, welche die eigentümlichste Affinität zur Idee meines Werkes, zur 'Komposition', hatte [...]. Das Manuskript [...] hatte im Wesentlichen Schönberg, dessen Schule und die Zwölf-Ton-Technik zum Gegenstande. Ohne einen Zweifel zu lassen an des Autor's Durchdrungenheit von Schönbergs überragender Bedeutung, übt die Schrift doch auch eine scharfblickende, tiefschürfende Kritik an dessen System [...]. Die Darstellung der Reihenmusik und ihre in Dialog aufgelöste Kritik, wie das XXII. Faustus-Kapitel sie bietet, gründet sich ganz und gar auf Adorno'sche Analysen."

Rudolf Kolisch Papers, erworben 1986.

63.2 THEODOR W. ADORNO *Abb. S. 76*

Maschinenschriftlicher Brief mit eigenhändiger Unterschrift an Rudolf Kolisch; Los Angeles, 19. 6. 1948. 1 Bl. (2 S.).

Der Brief kündigt die Veröffentlichung seiner *Philosophie der neuen Musik* (Tübingen 1949) an, eine revidierte und erweiterte Fassung seines Essays von 1941 (Katalog Nr. 63.1): „Du wirst Dich erinnern, daß ich vor 7 Jahren eine Abhandlung 'Zur Philosophie der neuen Musik' schrieb, wesentlich über Schoenberg, sehr dialektisch – Du hast das damals gelesen. Im Zusammenhang mit einem Besuch von Leibowitz, der mir sehr gut gefiel, nahm ich das wieder vor und entschloß mich, den Extremen zuliebe die me touchent, einen zweiten Teil über Strawinsky (den ich sehr studierte) hinzuzufügen, und dann ergab sich die Notwendigkeit einer großen theoretischen Einleitung. Als es fertig war, war es also ein Buch [...]. Ich denke, es ist das beste, was ich zu diesen Dingen geschrieben habe; ich habe unendlich viel Mühe und Sorgfalt darauf verwandt, das meiste dreimal umgeschrieben. Die wirklich kränkenden Stellen über Schoenberg habe ich herausgenommen; die Kritik an ihm aber blieb ungemildert. Der Teil über Strawinsky ist wesentlich negativ [...] ". „Hier [Los Angeles] gab es [...] das Bläserquintett [Schönberg op.26], das mich doch sehr beeindruckte, während ich beim Hören das Streichtrio [op. 45] leicht enttäuschend fand – Zeichen eines Nachlassens der Kraft, so ein bisschen von Takt zu Takt komponiert."

Rudolf Kolisch Papers, erworben 1986.

64 THEODOR W. ADORNO

Eigenhändige Postkarte an Rudolf Kolisch; Los Angeles, 11. 6. 1948. 1 Bl. (2 S.). In Deutsch.

Erörtert Tempoprobleme im langsamen Satz von Beethovens „Appassionata"-Sonate: „Deine Frage: Du gibst als Metronom für den langsamen Satz [...] ♩ = 50, fast so langsam wie in Schnabels Ausgabe (♪ = 96). Ich stelle es mir viel rascher vor, ♩ = 72, und zwar einmal um das Tempo zu entschnabeln, dann aber weil sonst die zweite Variation (in Sechzehnteln!) unerträglich schleppt [...]. Und in dem Satz, bei seiner Kürze und Metrik *verschiedene* Tempi zu nehmen – das geht doch wohl nicht. Aber Du hast sicher für Deine Bezeichnung wichtige Gründe gehabt, laß sie mich doch wissen. Der Satz heißt Andante *con moto*. Schreib recht bald [...] ".

Rudolf Kolisch Papers, erworben 1986.

B. V. PAUL A. PISK, ARTUR SCHNABEL, ERNST KŘENEK UND FELIX WOLFES.

65 PAUL A. PISK

Sänge eines fahrenden Spielmanns, op.6

Autograph (unsigniert); [Wien?], 27. 5. – 2. 12. 1919. 18 Bll. (33 S.).

Reinschrift mit wenigen Korrekturen und Revisionen. Die Texte sind dem *Buch der Sagen und Sänge* von Stefan George entnommen. Fast alle Lieder sind datiert, die Reihenfolge in der Publikation entspricht jedoch nicht der kompositorischen Chronologie (Wien: Universal-Edition, 1922).

Hans Moldenhauer Archives at Harvard, erworben 1986.

66 ARTUR SCHNABEL

Streichquartett Nr. 3

Autograph (unsigniert); Rindsbach, August 1922. 22 Bll. (43 S.). Partitur.

Reinschrift in Bleistift mit Ausdrucks- und Tempobezeichnungen in roter Tinte. In den frühen zwanziger Jahren widmete Schnabel seinen Sommerurlaub der Komposition, das restliche Jahr dem Konzertieren und Unterrichten. Er schrieb vorliegendes Werk im Landhaus seiner Berliner Freunde, der von Mendelssohns, in Rindsbach. Es wurde 1931 in Berlin uraufgeführt, aber erst 1961 veröffentlicht (New York, Boosey and Hawkes).

Rudolf Kolisch Papers, erworben 1986.

67 Ernst Křenek   *Abb. S. 78*

Skizzen zum 6. Streichquartett (1936) op.78

Autograph, signiert; Wien, 4. 3. 1936. 12 Bll. (21 S.) und 2 lose Bll. (1 S. & 2 S.).

Der eigentlichen Niederschrift des Quartetts sind vier Seiten mit vorkompositorischer Arbeit vorangestellt (Reihentabellen etc.). Auf Bl. 2r, datiert vom 4. 3. 1936, umreißt Křenek den Zentralgedanken: „Idee für Streichquartett: 12 teilig. 4 Quadranten, in deren jedem eine der Reihenformen dominiert.

Entsprechungen. Sinn der Quadranten in Bezug auf Gestalt und Ausdruck ? [...] ". Mit einer Widmung an Willi Reich, Wien, Weihnachten 1936. Das Werk wurde 1937 bei der Universal-Edition veröffentlicht.

Geschenk von Hans Moldenhauer, 1986.

68   ERNST KŘENEK

Ansprache zur Enthüllung der Gedenktafel für Anton Webern in Mittersill, 5. August 1965
Autograph, signiert; [Tujunga, Cal., 1965]. 4 Bll. (4 S.).

Reinschrift mit späterer Revision. Zwanzig Jahre nach Weberns Tod fand eine Gedenkfeier statt, bei der eine Tafel, von der Künstlerin Anna Mahler (Tochter von Gustav und Alma-Maria Mahler) entworfen, enthüllt wurde. Křenek hielt die Gedenkrede: „[...] Das Werk der Räder in Rädern, die er ins Rollen gebracht hatte, war mit seinem jähen Sterben nicht zu Ende. Er hat es nicht mehr erlebt zu erfahren, daß eine neue Generation von Komponisten sein musikalisches Denken zum Prinzip der Weltmusik unserer Tage gemacht hat [...]. Kurze zwanzig Jahre, die der sinnlos Dahingeraffte leicht hätte mit uns verleben können, haben die Saat, die er pflanzte, zu ungeahnter Ernte aufgehen lassen [...] ". Die Rede wurde erstmalig als *„Anton Weberns magisches Quadrat"* in *Forum* 12 (Wien 1965), S. 395 – 96 veröffentlicht.

Geschenk von Hans Moldenhauer, 1986.

69   FELIX WOLFES

Verfall (Georg Trakl)
Autograph, signiert; Boston und New York, 8. 9. – 21. 11. 1953. Bll. 24v – 28 r aus einem autographen Skizzenbuch.

Wolfes' Liedschaffen vor und nach der Emigration umfaßt über 200 Lieder, sämtlich zu Texten aus dem klassischen Repertoire deutscher Lyrik. Er benutzte für die erste Niederschrift kleinformatige Notenhefte, für je sechs bis acht Lieder; sie sind oft stark überarbeitet. Das vorliegende Lied ist das siebente in dem Heft von 1952/53. Die meisten seiner Lieder, einschließlich *Verfall*, erschienen vor kurzem in einer Ausgabe *Selected Lieder for Voice and Piano* (Bryn Mawr: Theodor Presser).

Geschenk von Angelika Forsberg, 1979.

Fragebogen XVI für „Die Schweigsame Frau" op.80

Autograph (unsigniert); [Monte Carlo und Garmisch, 1935]. 1 Bl. (1 S.).

Nachdem Wolfes den Klavierauszug der Oper *Die Schweigsame Frau* fertiggestellt hatte, richtete er ein ausgeklügeltes System ein, um sich bei dem Korrekturvorgang mit dem Komponisten zu verständigen. Auf achtzig Blättern stellt er Hunderte von Fragen, die Strauss in der rechten Spalte beantwortet, manchmal humorvoll. So antwortet er z.B. auf die Frage bezüglich eines „d" statt eines „des": „Lassen wir 'des', damit es auch ein anderer findiger Kapellmeister monieren kann." Auf „Fragebogen VI" sagt er scherzhaft: „ [...] im Allgemeinen corrigieren die Herren Kollegen gar nicht so genau! Gibt aber auch unter ihnen ein paar Ohrensportler."

Geschenk von Angelika Forsberg, 1979.

Literatur: Günther Weiß, *Richard Strauss und Felix Wolfes, eine unbekannte Facette im Leben von Richard Strauss um „Arabella" und „Schweigsame Frau";* in: *Jahrbuch der Bayerischen Staatsoper* 1988/89, München 1988, S. 77 ff.

ABKÜRZUNGEN / ABBREVIATIONS

A.L.	autograph letter
A.MS.	autograph manuscript
Abb.	Abbildung
Bl(l).	Blatt, Blätter
f.(f.)	folio(s); following
ill.	illustration
MS.	manuscript
n.d.	no date
n.p.	no place
o.J.	ohne Jahr
p.	page(s)
S.	Seite(n)
s.	sheet(s); signed
T.L.	typed letter
TS.	typescript
v.p.	various places

NAMENREGISTER / INDEX OF NAMES